NO COLO DE DEUS

HUGO SANTOS

NO COLO DE DEUS

DEVOÇÃO MARIANA PARA JOVENS

Academia

Preparação: Project Nine Editorial
Revisão: Julian Guilherme e Thiago Fraga
Diagramação: Sergio Rossi
Capa: Departamento de criação da Editora Planeta do Brasil
Fotografias de capa e miolo: Eriana Brito
Fotografia das páginas 184 e 185: Jaqueline Rodrigues

DADOS INTERNACIONAIS DE CATALOGAÇÃO NA PUBLICAÇÃO (CIP)
ANGÉLICA ILACQUA CRB-8/7057

Santos, Hugo
No colo de Deus / Hugo Santos. – São Paulo: Planeta do Brasil, 2019.
192 p.
ISBN: 978-85-422-1863-3

1. Vida cristã 2. Jovens - Vida cristã 3. Palavra de Deus
4. Maria, Virgem, Santa I. Título

19-1773 CDD 248.4

Índices para catálogo sistemático
1. Técnicas de autoajuda

2020
Todos os direitos desta edição reservados à
EDITORA PLANETA DO BRASIL LTDA.
Rua Bela Cintra 986 – 4º andar – Consolação
São Paulo – SP CEP 01415-00
www.planetadelivros.com.br
faleconosco@editoraplaneta.com.br

A todos os meus filhos
espirituais e amigos que Deus me
deu ao longo da minha vida.
À minha família querida e amigos
de outras igrejas cristãs.

SUMÁRIO

PREFÁCIO

Maria era
bem-aventurada
porque antes de
dar à luz o Mestre
na carne, o levou
no seio.

Santo Agostinho

No centro do Evangelho encontramos a promessa de um novo nascimento. Quando Nicodemos, impactado pelas palavras de Jesus, pergunta se para nascer de novo precisaria entrar novamente no ventre de sua mãe, o Senhor não responde (cf. Jo 3,4). Com efeito, não existe nascimento sem maternidade. E, de fato, o Novo Nascimento espiritual do qual nos fala o Evangelho tem um endereço para acontecer: o útero da Virgem Maria. Estamos falando aqui de uma profundidade da vida no Espírito. Não é somente o reconhecimento da Presença Divina sobre nós, na adoração; não é somente a ação de Deus por nós, através de dons espirituais; mas é a própria vida de Deus em nós, o Cristo gerado em nós, até que possamos dizer: "Não sou eu quem vivo, é Cristo que vive em mim" (cf. Gl 2,20). E seremos cópias de Cristo se, assim como Ele, formos gerados por Maria. O carisma da Comunidade Colo de Deus é uma profecia para o nosso tempo. O Colo de Deus é o próprio Útero da Virgem Maria, em duas dimensões: porque foi no Útero de Maria que o Deus feito Carne foi gerado, pela ação do Espírito Santo, e é no Útero de Maria que nós também somos gerados pela ação do mesmo Espírito.

Consagrar-se à Virgem Maria não é outra coisa senão estar no Útero de Maria para que Ela gere o Cristo em nós. Diz São Luís Maria Grignion Montfort que Maria gera não somente o Cristo-Cabeça, mas todos os membros do Corpo Místico (cf. *Tratado da verdadeira devoção à Santíssima Virgem* – TVD 32). Se somos Corpo de Cristo, é porque somos gerados por Maria. Por isso, o Papa São Paulo VI, no Concílio Vaticano II, proclamou Maria como Mãe da Igreja.

O meu caminho se cruzou com a Comunidade Colo de Deus antes mesmo de eu conhecê-la. Existem vários métodos de Consagração à Virgem Maria, e desde 2001 sou consagrado pelo método proposto por São Luís Maria Grignion Montfort no *Tratado da verdadeira devoção à Santíssima Virgem*. Aliás, foi por conta desse método de consagração que o Papa São João Paulo II assumiu o lema *Totus Tuus* ("Todo Teu, Todo de Maria").

No dia em que fiz a minha consagração, pedi para a Virgem Maria para me levar aonde Ela quisesse, para que a consagração a Ela fosse conhecida. Vi o cumprimento do que pedi quando, quase dez anos depois, apresentei o *Tratado* para o Pe. Paulo Ricardo, e, por meio dele, o *Tratado* se tornou conhecido em todo o Brasil. Foi em um desses encontros de apresentação do *Tratado* que a Colo de Deus recebeu a inspiração da música "Acaso não sabeis", impulsionando a Comunidade a se tornar conhecida em todo o mundo. E desde então os nossos caminhos se cruzaram.

Com a propagação da Consagração, surgiu uma série de "caricaturas" do que significa ser um consagrado. Para muitos, consagrar-se à Virgem Maria é colocar um véu na cabeça ou uma corrente no pulso, enquanto a Consagração não implica, absolutamente, nessas práticas. Diz São Luís que a Consagração é, sobretudo, um ato interior, do coração (cf. TVD 119).

Já que o diabo não pode mais esconder a Consagração (cf. TVD 114), ele tem criado uma caricatura dela. Por isso, seja qual for o método de Consagração que vivamos, precisamos compreender a devoção mariana na sua essência, e é isso que Hugo Santos de Maria, fundador da Comunidade Colo de Deus, propõe com muita propriedade neste livro. Para que se levante, na nossa juventude, uma verdadeira geração mariana que seja instrumento do Reino de Deus.

Padre Francisco Amaral

Padre Francisco Amaral é sacerdote Diocesano da Arquidiocese de Cuiabá. Exerce um grande ministério pelas redes sociais Facebook, Instagram, YouTube: <padrefranciscoamaral>

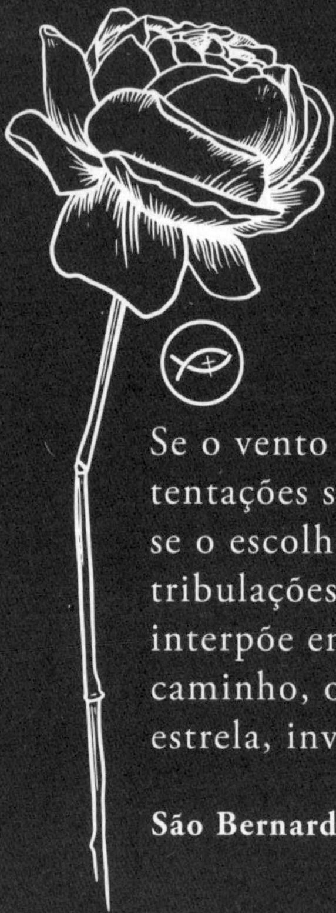

Se o vento das
tentações se levanta,
se o escolho das
tribulações se
interpõe em teu
caminho, olha a
estrela, invoca Maria.

São Bernardo

INTRODUÇÃO

Começo contando, desde já, sobre a indignidade de escrever este livro. Ao olhar para a minha vida e ver como eu sou infiel a Deus, preciso te dizer que, no final, sempre o que fizermos será apenas por gratidão a Ele, por causa da Sua infinita misericórdia. Tudo, exatamente tudo, é por causa da bondade Dele.

Não escrevo este livro para ganhar honras humanas e muito menos aplausos dos homens, mas para fazer aquilo que acho que nasci para ser: precursor. Eu nasci para preparar os caminhos do Senhor. Não escrevi este livro também para ser uma receita de bolo e muito menos um texto devocional no qual você segue algumas regras e alcança graças. Não sou digno de fazer isso. Aqui escrevi apenas sobre a minha experiência com Maria e como isso tem proporcionado resultados concretos para a minha vida espiritual. Espero sinceramente ouvir um dia muitos testemunhos sobre como vidas foram tocadas de verdade por esse propósito.

Depois de mais de vinte anos de caminhada com Cristo e com Maria, vejo realmente que ela tem cuidado de mim com um zelo que só uma mãe pode ter. Porque, no fundo, toda a minha infidelidade afeta o coração humano e materno dela.

Como pai, sei que quando me machucam é uma coisa, porém quando o fazem contra meus filhos, eu viro um bicho. Mas ela, humana e mãe, sabe muito bem das nossas dificuldades. Como é sábia a mãe do meu Senhor! E como ela é paciente. Sabe que o tempo que eu e você vivemos é dor e sangue.

Ore por mim, mãe.
Ore para que eu consiga chegar ao fim,
porque está bem difícil.

Salve ó Senhora
Santa, Rainha
Santíssima, Mãe de
Deus, ó Maria... Em
vós residiu e reside
toda plenitude da
graça e todo o bem.

São Francisco de Assis

Capítulo 1
Minha história mariana

Meu amor por Maria começa com a minha mãe. Maria é o nome dela. Se eu disser a você que isso não teve influência na minha vida, estarei menosprezando a força da vontade de Deus pra mim.

Minha mãe era uma mulher muito inteligente e simples. Nasceu no dia 6 de maio de 1945 e logo foi consagrada à Virgem Maria pelos meus avós. Minha avó, Argentina Guimarães Moreira, era filha de um português, seu Joaquim, com uma francesa, dona Ernestina. Minha família materna era muito católica por causa das suas origens, e minha bisavó deveria ter recebido o nome de Ana, no entanto a mãe dela achou que seria muito comum. Inúmeras mulheres tinham esse nome na época. Como pode-se notar, a história de Jesus está atrelada à minha.

Por conta da ocupação de meus avós, pois trabalhavam demais, decidiram colocar minha mãe em uma escola carmelita, sob regime de internato. Lá, ela se tornou mais mariana ainda. Aprendeu tudo sobre Nossa Senhora, incluindo a devoção à Nossa Senhora de Fátima. Minha mãe saiu da escola apenas com 18 anos, cheia de sonhos e pronta para o mundo em que iria viver. Aprendeu 3 línguas de forma fluente: português, francês e espanhol. Ela se dedicou ao ensino e se formou professora, concluindo seu mestrado em Língua Portuguesa e Francesa. Minha mãe nasceu no Rio de Janeiro e, como grande parte dos cariocas, gostava muito de festas. Namorou poucas vezes, até se apaixonar pelo meu pai, Jorge Elias.

Eles se casaram, e aos 30 anos minha mãe me deu à luz no dia 1º de janeiro de 1976, dia de Maria, mãe de Deus, senhora da paz. Meu nome foi escolhido por causa da amizade que meus pais tinham com o pediatra Victor Hugo.

Abro uns parênteses históricos aqui para compartilhar um trecho do livro *Aos sacerdotes, filhos prediletos de Nossa Senhora*, com as mensagens de Nossa Senhora ao Padre Gobbi[1], na página 110:

---

1 Padre Stefano Gobbi (1930-2011) é fundador do Movimento Sacerdotal Mariano, que conta com apoio de inúmeros sacerdotes e bispos do mundo inteiro. Possuía o dom da locução interior, e as mensagens que recebeu estão publicadas, com autorização episcopal, no livro *Aos sacerdotes, filhos prediletos de Nossa Senhora*. A Igreja ensina que ninguém é obrigado a crer em revelações particulares, mas elas podem ser acolhidas na medida em que estiverem de acordo com os critérios de discernimento (pessoa, conteúdo, frutos espirituais).

O DOM QUE DOU À IGREJA
do dia 31 de dezembro de 1975.

"Iniciai comigo o novo ano, filhos meus prediletos. Vós sois o projeto e o desígnio de amor deste meu Coração de Mãe, o dom que entrego à Igreja para que seja consolada na paixão e na quase 'morte' que a espera, antes da sua maravilhosa renovação com o triunfo do meu Coração Imaculado no mundo."

Sei que não sou nada neste mundo, mas ao ler esse trecho entendi que somos uma promessa de Deus. Todos podemos ser uma resposta para o mundo de que a Igreja é governada pelo Espírito Santo. Eu nasci um dia depois dessa mensagem ao Padre Gobbi. Então, entendi que eu também posso ser a direção da vontade de Deus.

EU POSSO SER UM DOM PARA A IGREJA.

Um dom é um presente. E foi isso que aconteceu comigo. Durante minha gestação, minha mãe enfrentou grandes problemas em seu casamento. Por causa deles, tentou suicídio três vezes sem sucesso. Uma delas se jogou na frente de um carro, e outra, de um ônibus. Sofreu de depressão crônica durante muitos anos. Nas tentativas de suicídio, não se machucou, e eu também não. Na terceira vez, pensou em se jogar da ponte Rio-Niterói e foi convencida por amigos a não seguir em frente. Na gravidez adquiriu toxoplasmose e por milagre de Deus isso não trouxe consequências graves à minha saúde. Deixou apenas uma sequela em meu olho esquerdo: cegueira parcial. Tenho uma mancha no fundo do globo ocular por conta da doença. Depois que nasci, fui batizado no dia 13 de maio de 1976, pelo capelão da Aeronáutica, Padre Jesus, numa capela dedicada a Nossa Senhora Aparecida, em uma vila militar, no Rio de Janeiro.

Meus pais viviam altos e baixos no casamento. Minha mãe morava com minha avó e meu pai, e isso causava muitos atritos entre eles. Minha mãe sofria com a infidelidade do meu pai e, por consequência, minha avó interferia na vida do casal, tornando a vida familiar um verdadeiro campo minado.

Minha mãe trabalhava na área de telefonia. Minha avó era secretária da FNM, uma grande multinacional que fabricava motores para o Brasil. Meu pai era militar, cabo do Corpo de Bombeiros, e sua especialidade era combater o fogo na selva. Fez cursos e mais cursos na corporação e trabalhou em grandes enchentes e incêndios, salvando muitas pessoas da morte. Os três tinham uma vida profissional muito corrida, e em algumas vezes calhava de eles trabalharem em plantão a noite toda.

Quando isso acontecia, eles contratavam uma babá para tomar conta de mim e do meu irmão, que era um ano e meio mais novo que eu. Num desses dias, eu e meu irmão acordamos muito cedo e fomos brincar no quintal de casa. Nós morávamos em Ricardo de Albuquerque, Rio de Janeiro, em uma casa que ficava abaixo do nível da via pública. Era uma pista expressa e passavam muitos carros e caminhões. Para subir à pista, precisávamos encarar uma escada de 3 metros, feita de cimento e sem corrimão. Na nossa brincadeira, eu com 3 anos e meu irmão com 1 ano e meio, subimos a escada e começamos a brincar na beira da estrada. Em dado momento, minha mãe e minha avó voltavam dos seus respectivos plantões de trabalho, quando me avistaram na beira da estrada sendo empurrado por um golpe de ar de um caminhão que passava na hora. Eu e meu irmão caímos pela ribanceira, sendo que meu irmão foi rolando pela parte de grama e terra, enquanto eu fui rolando pela escada e batendo a cabeça, resultando em uma fratura no crânio, com muita perda de sangue. Com isso, sofri traumatismo craniano grave.

Correndo, minha mãe veio e me pegou em seus braços, seguindo para o hospital. Chegando lá, ela me entregou ao enfermeiro, que, com pressa, foi logo para a sala de cirurgia. O médico plantonista veio até elas e falou pra minha mãe: "A senhora tem fé?". Ela respondeu: "Sim", com seus olhos marejados. Então ele disse: "Vá até a capela e reze. Seu filho está muito mal. Chegou aqui em coma. Precisa passar por uma cirurgia complicada para melhorar. As chances são muito pequenas de ele sobreviver. Então, reze para que esse Deus faça a parte Dele".

Minha mãe e minha avó foram para a capela e rezaram. Durante quinze minutos minha mãe só chorava. Minha avó falou: "Zezé, entregue seu filho à Nossa Senhora. Diga a ela que se ela ajudar a salvar a vida dele, Hugo será todo dela. E ela pode fazer com ele o que quiser". Minha avó me contou que a oração de minha mãe foi assim: "Minha Senhora. Você é mãe também. Sabe o que estou sentindo agora. Então, se a Senhora pode, me ajuda a salvar meu filho. Se você assim fizer, ele será todo seu".

Elas saíram da capela e foram para a sala de espera do hospital. Em seguida, o médico veio até minha mãe e noticiou: "Minha senhora, eu não a conheço. Mas seu filho chegou aqui praticamente morto e agora está sentado na maca, chamando a senhora e dizendo que quer a mãe dele".

EU SOU UM MILAGRE.

Eu havia me convertido ao protestantismo. Vivi dentro dessa doutrina por um tempo. Me converti ao catolicismo de volta em um acampamento de oração na Comunidade Canção Nova em Cachoeira Paulista, São Paulo, no fim de semana mais importante da minha vida. Minha avó me contou essa história com muitas lágrimas nos olhos. Acreditei nela. E desde então eu decidi por viver uma vida debaixo das asas de Maria, agora como minha mestra e mãe.

Depois desse fim de semana, eu ganhei dois livros que me fizeram entender melhor a vida de Maria, sobre sua importância na vida do Seu Filho, a centralidade da vida dela em Cristo Jesus, e também me fez entender que tudo o que eu procurava saber sobre Jesus eu poderia encontrar Nela com detalhes. Se eu a procurasse, eu a entenderia, e, principalmente, a conheceria e seria amigo de Jesus por inteiro. Esse sempre foi meu maior desejo. Manter uma amizade com Deus ao ponto de falar com Ele toda hora, pra tudo. Contar tudo pra Ele e, dentro das possibilidades da minha humanidade, compreender seus pensamentos e o jeito que Ele trabalha. Esse era meu sonho desde que comecei a andar com Jesus.

Veja bem: eu entendia quem Ele era, eu O conhecia por livros e por catequeses, ou seja, apenas O conhecia por conta de grandes pregadores; até aquele fim de semana, eu não havia tido um encontro pessoal com Ele. Eu aprendi, lendo o Catecismo da Igreja Católica e outros muitos livros sobre a doutrina da Igreja, que o cristianismo é uma religião baseada em um encontro, e não em um livro. Que para ser católico você precisa passar pela experiência do encontro com Deus. E como encontrar Jesus, sem encontrar com a mãe Dele? Ela não saía de perto dele pra nada! Então, descobri que se eu fosse atrás de Maria, acabaria encontrando Jesus. E foi isso que eu fiz.

Eu li estes dois livros: *Glórias de Maria*, de Santo Afonso Maria de Ligório, e também o *Tratado da verdadeira devoção à Santíssima Virgem*, de São Luís Maria Grignion de Montfort. Esses dois livros mudaram minha vida por inteiro e me levaram a uma busca profunda sobre a vida da mãe de Jesus, culminando na fundação da Colo de Deus e na minha vida missionária.

No ano de 2017, no dia 19 de junho, eu enterrei minha querida mãe. Naquele dia, escrevi para Nossa Senhora dizendo a ela que eu seria muito mais mariano do que até então eu havia sido. Desde aquele dia eu tenho vivido, dia após dia, um caminho de alegrias, mas de muita cruz, para viver minha vida mariana.

Sabemos que o inferno existe. Sabemos que o demônio existe. E quando um filho de Deus se levanta para ir ao encontro de Maria, parece que o inferno inteiro se levanta contra isso. O demônio sabe que, se você conhecer Maria, muitas coisas no mundo espiritual acontecerão.

Se você imitar Jesus, se você realmente for ao encontro Dele, pelas pegadas de Maria, pelo perfume maravilhoso dela, você será uma arma contra o inferno e contra o demônio. Então, o inimigo de Deus vai fazer de tudo para que um cristão não ame Maria. Se ele te afastar dela, você conhecerá Cristo de outras formas, mas nunca do jeito que O conheceria se fosse por ela, que é a mãe Dele.

Pense comigo: quem me conhece mais do que minha mãe? Só minha esposa. Ou minha filha. Ela, Maria, é Filha de Deus Pai, Mãe de Deus filho e Esposa de Deus,

Espírito Santo. Quem sabe mais sobre Deus do que Maria? Essas pessoas que eu citei conhecem quem eu quero conhecer de uma forma tão profunda e íntima que ninguém saberá contar os detalhes que elas poderão contar.

Maria é o único ser humano capacitado a falar e ter tal relacionamento com Deus em suas três pessoas. Ela é a única que conhece Deus, de tal maneira que engravidou Dele. Ela foi a única que sabe como o Espírito Santo trabalha de verdade. Ela é a única que pôde ensinar o menino Jesus a andar e a beijar o rosto e as feridas do seu povo. Se o beijo de Jesus é doce e perfumado, vem de onde? Foi a Mãe Dele quem O ensinou assim. Então, por que não procurá-la? E não se preocupe em amar Maria demais... Jesus é Deus e A amou com toda a sua força.

Tenho certeza de que, mesmo que eu faça um esforço sobre-humano, nunca amarei Maria mais do que Jesus amou. Ele sendo Deus, amou tanto Maria que decidiu se encarnar pelo ventre dela. Essa eleição nunca lhe será tirada. E por toda a eternidade os anjos cantarão como Jesus encarnou e salvou a humanidade: pela carne de uma mulher virgem e pura chamada Maria. Meu Deus! Que mistério incrível. Que coisa maravilhosa! E acessível a mim. Tornar-me amigo da mãe do meu Senhor. Tornar-me amigo da mãe de Jesus, Homem-Deus, inseparáveis. E poder me tornar amigo da mãe de Deus.

Eu quis, quero e para sempre vou querer e desejar a amizade de Maria. Mas, como toda amizade, eu preciso investir tempo nisso. Não nos tornamos amigo de alguém sem estar perto deste. Nesse caso, eu preciso entender quem ela é, quem é Seu Filho, como funciona o Reino Dele, saber como é a casa dela, onde ela morou e como é a relação dela com Deus. Eu preciso estudar, ler, orar com Maria. Amigos oram uns com os outros, não é mesmo? No início de minha relação de amizade com ela, ficava pensando se Deus teria ciúme de eu me aproximar demais de Maria e não Dele. Depois de um tempo, aprendi que mãe é uma coisa... Tudo o que ela ganha dá para os filhos. Então, se eu me entregar e me aproximar muito, ela, que é mãe, nunca deixará que eu me afaste de Seu filho. Ela é mãe, né...

A proposta deste livro é dar a você minha experiência com Maria. Ensinar os caminhos que me levaram a desenvolver o amor que tenho por ela e por Seu Filho. Desejo sinceramente que você se empenhe em ler, orar e praticar tudo o que eu propor a você. Funcionou comigo, e tem funcionado todos os dias. Não me tornei “supersanto”, nem super-herói por causa disso. Pelo contrário, eu me tornei muito mais humano, capaz de entender meus limites e os limites dos meus irmãos. Aprendi a liderar e a ser liderado. Aprendi a amar aqueles que me ofenderam. Aprendi a reconhecer meus erros e a pedir perdão. Aprendi a receber perdão e a me perdoar também. Aprendi que Deus é tudo e que eu não sou nada. Aprendi a ser cristão, seguidor e imitador de Cristo. Aprendi a ser filho. Aprendi a ouvir. E é isso que eu desejo do fundo do meu coração a você que lê estas linhas.

Talvez você ainda não tenha nenhuma história para contar sobre Maria ou Jesus. Mas quero já profetizar que, até que você termine este livro, ela te encontrará no meio do caminho e te fará ter grandes experiências com ela.

Quero um dia ouvir seu testemunho de conversão ou seu testemunho de mudança de vida por conta desse relacionamento com Maria.

Que Deus o abençoe neste caminho e seja bem-vindo ao primeiro dia do resto da sua vida.

Vamos orar:

"Deus. Quero te consagrar este caminho que vamos trilhar juntos. Quero te entregar a vida dos meus irmãos que leem estas linhas e que seguem por esta trilha. Quero pedir pela alma deles e pedir ao Senhor que libere sobre eles grandes milagres e prodígios. Tudo para que Seu nome seja conhecido e adorado entre todos os povos. Quero te entregar seus filhos em um pacote de presente feito pelas mãos de Sua querida mãe. Um presente feito de humanidade, dor e misérias. E eu sei que ela saberá a melhor forma de te entregar essas vidas, por isso a convoco para fazer essa entrega. Que o Senhor receba em Suas mãos a nossa vida, para fazer dela o que bem entender. Estão liberados sobre nós os sinais da Sua Graça e da Sua Misericórdia. Abra o nosso coração para a mudança e para as coisas do Reino. Que assim seja, em nome do Teu Filho Jesus, no poder do Espírito Santo, amém."

O nó da desobediência
de Eva foi desatado
pela obediência de
Maria. O que uma fez
por incredulidade o
desfez a outra pela fé.

Santo Irineu

Capítulo 2

A Colo de Deus

Falar sobre a Colo de Deus é falar sobre Maria. Somos uma comunidade mariana em sua essência. Nascemos sob o olhar de Lucas 1, 26-38:

"No sexto mês, o anjo Gabriel foi enviado por Deus a uma cidade da Galileia, chamada Nazaré, a uma virgem desposada com um homem que se chamava José, da casa de Davi, e o nome da virgem era Maria. Entrando, o anjo disse-lhe: 'Ave, cheia de graça, o Senhor é contigo'. Perturbou-se ela com essas palavras e pôs-se a pensar no que significaria semelhante saudação. O anjo disse-lhe: 'Não temas, Maria, pois encontraste graça diante de Deus. Eis que conceberás e darás à luz um filho, e lhe porás o nome de Jesus. Ele será grande e será chamado Filho do Altíssimo, e o Senhor Deus lhe dará o trono de seu pai Davi; e reinará eternamente na casa de Jacó, e o seu reino não terá fim'. Maria perguntou ao anjo: 'Como se fará isso, pois não conheço homem?' Respondeu-lhe o anjo: 'O Espírito Santo descerá sobre ti, e a força do Altíssimo te envolverá com a sua sombra. Por isso, o ente santo

> que nascer de ti será chamado Filho de Deus. Também Isabel, tua parenta, até ela concebeu um filho na sua velhice; e já está no sexto mês aquela que é tida por estéril, porque a Deus nenhuma coisa é impossível'. Então disse Maria: 'Eis aqui a serva do Senhor. Faça-se em mim segundo a tua palavra'. E o anjo afastou-se dela".

A Colo de Deus está grávida. Ela traz dentro de si a mensagem de Maria. Gestamos dentro de nós uma geração cheia de pentecostes. Quando eu aceitei isso dentro de mim, fiz como ela: "Não sei como será, mas faça-se em mim segundo a Sua vontade". Eu não tinha ideia do *que* iria acontecer nem *como* isso iria acontecer. Mas, hoje, depois de tudo que passamos nesse caminho, vejo os frutos. Muitas conversões, curas, cegueiras se transformando em visão. Vejo a mão de Jesus cuidando com providência absurda de cada passo, e vejo-a cuidando de tudo.

Desde a simples chegada de um quilo de alimento em uma de nossas casas de missão até o cumprimento de grandes promessas de avivamento acontecendo pelo mundo. Tudo pelas mãos Dela. Maria tem administrado a Colo de Deus. Ela tem cuidado de cada detalhe. E é impressionante ver a mão Dela nisso tudo. Ter contato com tantos testemunhos nos impulsiona para a frente. Talvez você mesmo tenha um grande testemunho para contar por causa do nosso carisma. É muita graça... Em nenhum momento nós pensamos nisso tudo. Desde o início só queríamos a Deus. Só queríamos estar do lado de Maria. Só sonhávamos com uma igreja feliz, que reunisse nas casas para adorar a Jesus e rezar com a mãe Dele.

Só queríamos espalhar para todo o mundo que Deus pode muito mais. Queríamos levar ao mundo o útero dela. Nós fomos gestados dentro desse ventre. Sonhamos que todos passem por essa experiência.

Sabemos que a gestação de uma criança geralmente leva nove meses. Durante esse tempo coisas incríveis acontecem, até que criança tenha a estatura suficiente para nascer e mudar o mundo.

Entendi que somos precursores da mudança que queremos ver. Sonhamos com uma casa que queremos ver, mas não a enxergávamos. Então decidimos fazer alguma coisa. Arregaçamos nossas mangas e estamos cada vez mais aprofundados nisso. Queremos adentrar mais nesse mistério. Queremos ir para as águas profundas da intimidade desse Deus tão grande e maravilhoso, com essa mulher que tem um testemunho tão incrível. Eu admiro grandes mulheres que escreveram a história. Mas nenhuma delas pode mudar a história como Maria. Ela mudou a *minha* história.

*

No Rio de Janeiro havia um parque de diversões, que tinha uma boneca gigantesca chamada Eva. Você literalmente a adentrava e conhecia todo o sistema reprodutor, digestivo, respiratório, etc., com a ajuda de um guia. Era uma verdadeira aula de humanidade e anatomia humana. Eu imagino a Colo de Deus assim, desse mesmo modo. Há coisas que você conhece do lado de fora. Mas há outras tão misteriosas que só quem está do lado de dentro consegue ver. Nossa vida como Colo de Deus se resume a isso. Queremos ser tão íntimos de Maria para ver o mistério da encarnação acontecendo todos os dias.

Quem experimenta nosso carisma consegue ter essa visão de dentro. Consegue perceber de forma espiritual o místico acontecer de verdade dentro de nós mesmos, aos nossos olhos. Porque a maior obra de Deus que vemos acontecer em nossa comunidade é quando alguém consegue se enxergar de verdade, enxergar Deus de verdade, e ver que foi Ele quem fez tudo, e o fez por amor.

Nossa comunidade está crescendo, está em muitos lugares, mas ela é uma família de pequenas coisas. Somos um lugar onde temos pai e mãe. Aprendemos que somos pequenos e queremos ser isso mesmo. De casa em casa, de um em um, queremos apresentar esse Jesus maravilhoso, pela experiência de ver por meio de Maria.

O intuito é ser um espelho. Tudo bem, eu sei que na medida do possível, porque é difícil ser santo. Mas um espelho daquilo que precisamos ser para o mundo. É Deus quem quer assim. Maria é quem quer assim. Foi Ela quem fundou a Colo de Deus. E é Ela que é a dona dessa casa. Ela quem arruma tudo quando deixamos bagunçado. Ela quem faz a comida. Ela quem traz os convidados. Nós somos apenas crianças. Apenas estamos aqui para sermos os amiguinhos de Jesus. Que linda essa visão... Consegue ver?

Na Colo de Deus carregamos uma mensagem fundada em duas palavras: Misericórdia e Avivamento. Vivemos debaixo de três pilares: confiar, servir e adorar.

Somos a geração de uma terceira onda do avivamento que está começando. Queremos preparar a noiva para a volta do noivo. Estamos na espera, aguardando e nos preparando para Sua volta Gloriosa. Somos a esposa com óleo queimando. E queremos incendiar o mundo com esse fogo que vem do Esposo, Deus, e não dos homens.

A relação da Colo de Deus com Maria começa em sua fundação, no dia 22 de maio de 2004. Sob os cuidados de Santa Rita de Cássia, ela nasce com um coração mariano. Começamos os trabalhos de forma oficial no Rio de Janeiro com pequenos encontros nas casas, onde rezávamos o rosário com as famílias e também o terço da Misericórdia, usando dos dons e carismas do Espírito Santo. As reuniões foram se expandindo até se tornarem um grande movimento em que levávamos as famílias a uma experiência profunda de contato com o Espírito Santo. Tem sido assim até hoje. Como evangelizamos em pequenos grupos, a maior expressão da Colo de Deus como carisma acontece em casa.

Quando alguém ouve nossas músicas, ou pregações, ou, ainda, se encontra com os amigos para cantar o nosso carisma – também nos pequenos grupos de oração que acontecem nas casas –, levamos os irmãos a terem uma profunda experiência de intimidade com Deus. É justamente essa experiência que cantamos em nossas composições. Nosso desejo de sermos como Maria, íntimos de Deus.

Essa história com Maria explodiu depois de um fato curioso e, ao mesmo tempo, histórico. Eu sempre fui muito mariano. Você já leu meu testemunho. Mas meus filhos de comunidade não eram. Em meu coração, eu percebia a voz dela me pedindo muito que tivéssemos mais intimidade com ela. Pedi a Deus uma oportunidade para isso acontecer. Então fomos convidados a ministrar um encontro mariano em uma paróquia em Curitiba, onde o missionário Kal Tedesco, da Bahia, iria pregar. Foi um fim de semana tremendo! Ficamos tão inundados com as pregações do sábado que queríamos mais.

O Flavinho ficou tão impactado com a pregação do Kal que sonhou com essa experiência. Ele teve um sonho com Nossa Senhora cantando para ele: "Só quem já foi órfão sabe o valor do amor de mãe... do Colo de mãe". Chegou no retiro cantando a música. Nós nos juntamos e então ministramos pela primeira vez a canção "Acaso não sabeis". Eu chorava. Todos estavam extasiados com aquilo que víamos. E, eu, vendo acontecer de fato aquilo que eu havia pedido a Nossa Senhora, só sabia agradecer a Deus. Finalmente, estávamos nos tornando uma comunidade mariana.

Após isso e muitas ministrações depois, "Acaso não sabeis" virou "o *hit*" mariano jovem do momento, alcançando milhões de *views* no YouTube. Em *streaming,* nas plataformas digitais, temos bilhões de *plays* pelo mundo todo. Padre Marcelo Rossi gravou uma versão da canção e diversos artistas católicos e seculares têm pedido essa mesma canção em seus respectivos álbuns. "Acaso não sabeis" se tornou uma bomba contra o inferno. É a maior canção da Colo de Deus em termos de conquista de almas para Jesus. Todos os dias recebemos milhares de testemunhos de pessoas que foram alcançadas pela graça de Deus por causa dessa experiência.

Nos tornamos referência católica mariana no mundo todo. Eu acredito que somos a maior expressão jovem mariana desta geração. Lançamos ainda um álbum autoral com músicas exclusivamente marianas, o *Casa de Maria*. Pensamos na produção de obras teatrais, outros álbuns e canções marianas para os próximos anos. Maria se tornou nossa amiga e hoje é ela mesma quem abre as portas das missões pelo mundo todo. Temos um sonho de evangelização mundial, principalmente para a Europa. E estamos entrando nessa história pelas mãos dela. A partir de uma missão em Portugal, na cidade onde ela apareceu, Fátima, próximo ao santuário. Tenho certeza de que a partir dali, evangelizaremos o mundo todo. Tudo pelas mãos dela.

Enxergo hoje a Colo de Deus como um fenômeno do Espírito Santo para os nossos dias. Eu só comecei isso, mas tenho certeza de que foi desejo de Maria, foi ela quem fundou essa comunidade. A Colo de Deus é uma resposta mariana ao anseio da Igreja para esta geração. Um grito de sede da juventude do mundo inteiro que clama por pertença. Pertencer a alguém é o objetivo de toda a humanidade. E quem melhor para ser nosso dono do que Jesus? Quem melhor para ser nossa mãe do que aquela que educou o Salvador? Aquela que gerou o Cristo, o Filho do Deus vivo? Se Jesus escolheu ser Filho dela, nós também escolhemos.

SOMOS MARIANOS.
SOMOS FILHOS DE MARIA.
SOMOS A COLO DE DEUS.

Sou todo teu, Maria,
e tudo o que é meu
te pertence.

São Luís Maria Grignon de Monfort

Capítulo 3
Para entender os exercícios espirituais

Existe um livro chamado *A escada para a santidade,* de um grande e santo padre da Igreja chamado São João Clímaco, no qual ele escreve que somos indivíduos humanos, chamados a participar da natureza divina. Ele ainda descreve que a vida espiritual, ou sobrenatural, é como uma escada com muitos degraus. Precisamos subir essa escada. A salvação está disponível para todos, mas eu e você podemos fazer mais depois de sermos salvos. A história não acaba ali. Existe uma forma de aprimorar e atingir graus superiores de santidade e intimidade com Deus que estão além da nossa imaginação. O nome disso é ascese. Essa palavra em sua literalidade significa "crescer". Todo crescimento espiritual se atinge pelo esforço humano em conjunto com a graça divina.

Em Filipenses 2,13 a Bíblia diz: "é Deus em sua infinita bondade que realiza em nós o querer e o executar". Em Levítico 11,44 diz ainda: "Sede santos, porque eu sou santo". A palavra "santidade" significa "Separação". Deus quer que sejamos separados, mas essa separação não acontece de forma rápida. Não sei se você passa por isso, mas todos os dias tenho em mim um homem velho querendo ressuscitar. Preciso lutar todos os dias contra ele.

Várias quedas e várias vitórias acontecem todos os dias. Deus me dá ferramentas para me ajudar a lutar. Lutar com as mãos limpas é para heróis. Senhores de guerra usam instrumentos de guerra e estratégias inteligentes para destruir o inimigo e vencer a batalha, dia após dia. Exercícios espirituais são como uma preparação de soldados para uma guerra. Alguns exercícios espirituais te darão ferramentas e armas maiores contra os inimigos de Deus.

É como em um jogo de videogame (sim, eu sou nerd). Quanto mais você usa essa arma, melhor e mais ágil com ela você se torna. E a cada fase que você passa, armas maiores e mais poderosas você vai conquistando. Por exemplo: se você sofre por causa da pornografia em sua vida. Deus nos ensina muitas coisas sobre a vida espiritual para que você vença isso.

Vamos precisar de um exercício chamado jejum. Controlando nossa fome, dizemos ao nosso corpo que é instintivo, que quem manda é o Espírito. Que a vontade da carne deve ser submetida à inteligência do Espírito, sempre. Quando você vence sua carne pelo jejum, você ganha uma ferramenta, um DOM, que se chama FORTALEZA. É um presente do Espírito Santo. E essa ferramenta é exponencial. Quanto mais você usar, muito mais você vai ganhar. Viu como é parecido com um jogo?

Isso vai acontecendo até o dia que você encontrar o "*big boss*". Quando esse dia chegar, você precisa estar preparado. É praticando os exercícios espirituais e usando as ferramentas dadas pelos Espírito Santo que você se tornará cada dia melhor.

Em um de seus escritos, São João Clímaco diz: "Onde há muita corrupção é necessário um tratamento considerável para se retirar toda a impureza. O saudável não vai a um hospital". Existe uma luta acontecendo neste exato momento contra o mal que existe dentro de você. Jesus diz aos seus discípulos que o céu é para os violentos. Essa violência não é contra o próximo, porém contra si mesmo. Em uma das minhas direções espirituais eu ouvi que quanto mais violento for o pecado em mim, mais violento eu preciso ser contra ele. É uma guerra. Você consegue perceber? O demônio não dorme. Ele luta há séculos contra os filhos de Deus. E ele tem dominado a sociedade com culturas destrutivas opostas à família, à imagem da mulher, mas principalmente contra a imagem do homem, do pai. Atacando a figura paterna, ele ataca a visão de Deus, que é Pai. Por isso hoje vemos, por exemplo, tantos casais terminando seus casamentos, tantas famílias separadas, sem pai. O demônio quer destruir as famílias. Porque Deus é uma família. O diabo não quer comunidades porque Deus é uma comunidade. A maior missão do Espírito Santo para os nossos dias é trazer de volta a unidade do corpo da Igreja. Que tarefa difícil!

Deus quer unidade, porque Ele é UM. O diabo, não... Ele só quer matar, roubar e destruir, pois seu objetivo é separar, dividir. Veja bem: o mundo não vive debaixo da moral. O inimigo vem lutando para destruir essa inteligência de moralidade cristã, querendo transformar a nossa sociedade em um sistema que vai se autodestruir, sem precisar fazer esforço. Aos poucos ele vem querendo desconstruir aquilo que o cristianismo construiu ao longo de dois mil anos. A visão de família, a vida em castidade, a sobriedade, o senso de justiça e de paz, a misericórdia e o perdão, a visão própria da masculinidade, a maternidade, dentre outros assuntos que hoje são questionados com violência para destruir o que o pensamento do cristianismo deixou de legado para os dias de hoje. Praticar os exercícios espirituais te coloca no lugar. Quando fazemos isso, trazemos de volta a nossa inteligência para as coisas de Deus. Com eles, ganhamos virtudes e dons que serão usados contra o inferno. Precisamos praticar bons exercícios espirituais para crescermos espiritualmente.

Aprendi com esse tempo de conversão e busca que um dos maiores exercícios espirituais que temos na igreja, senão o maior, é o Santo Rosário. Você conhece a história dele? Vou te contar.

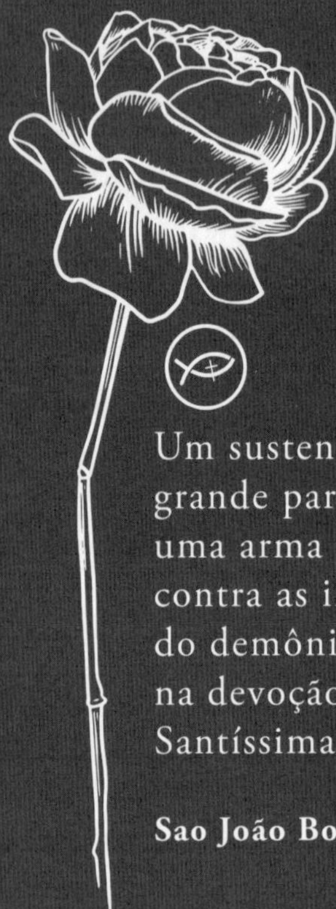

Um sustentáculo
grande para vós,
uma arma poderosa
contra as insídias
do demônio, tendes
na devoção à Maria
Santíssima.

Sao João Bosco

Capítulo 4
Onde começa o Santo Rosário

Uma palavra define: gratidão. Quando o anjo Gabriel aparece à pequena Maria, filha de Joaquim e Ana, para anunciar o maior tesouro da humanidade: Maria seria esposa do Altíssimo, mãe do Salvador, e Filha de Deus para todo o sempre. Única!

Naquele dia, fico imaginando como o céu celebrava. Deus estava finalmente religando elos rompidos, salvando filhos, destronando poderes do mal, determinando a eternidade, instaurando seu reino de amor, paz e alegria no Espírito Santo. Nossa história de salvação estava começando. Deus estava se encarnando. Deus unia sua deidade à humanidade, definitivamente. A partir do sim de Maria ao anjo, um futuro cheio de esperança surgiu. Deus salvava seus filhos como Pai protetor. Ele cuidava da sua criação com sua própria mão e interviu diretamente em nossa história. Tudo isso aconteceu porque Maria respondeu simplesmente: *FIAT!*, que em latim significa: "Faça-se!". Essa resposta mudou a minha história. E mudou a sua também. Mesmo que você não acredite, está feito. Maria disse sim por mim e por você.

Por causa desse sim, muitos cristãos convertidos, depois de tudo o que aconteceu após a ressurreição de nosso

Senhor Jesus Cristo, a vinda do Espírito Santo em Pentecostes, os Atos dos apóstolos e a Igreja se espalhar pelo mundo pregando a boa-nova da salvação, ficaram com o coração cheio de gratidão por Maria ter dito aquela resposta. Consegue imaginar a alegria de um condenado à morte quando alguém vem e assume seu lugar? Maria não assumiu meu lugar, mas deu um filho ao mundo para isso. Eu, que estava condenado à morte, agora tinha uma esperança.

Maria era muito próxima de todos os apóstolos e discípulos. A tradição da Igreja Católica, a história deixada pelos apóstolos, nos ensina que Maria sempre foi muito disponível. E por ser próxima a eles, ficaram com o coração grato e cheio de alegria pelo sim Dela, que agora passava a ser sua mãe na ordem da graça.

Aprendemos nos livros de história da igreja que ela era uma excelente professora e, provavelmente, explicou muitos mistérios da vida de Jesus aos mais próximos, que transmitiram tudo até chegar a nós. Quem saberia detalhes da vida de Jesus – como o sofrimento dele no calvário – ou, ainda, coisas que o Evangelho de Lucas conta que mais ninguém saberia, senão sua mãe? Lucas era discípulo de Paulo. Mas diz uma tradição antiga de que muitas coisas Paulo e Lucas sabiam porque eram muito próximos de Maria.

Outra coisa que gerava gratidão no coração dos que acreditavam em Jesus era a nossa filiação adotiva. Nós nos tornamos irmãos e amigos de Jesus quando Ele, na cruz, olha para João, seu discípulo, e diz: "Filho, eis aí Tua mãe. Mulher, eis aí Teu Filho". Os judeus têm uma antiga tradição que quando uma família tem apenas um filho e a mãe for viúva, caso ele morra, ela deveria ser marginalizada. Jesus, sendo filho único, quando vê que vai partir, garante a continuidade da sua família entregando Maria para o discípulo mais amado. Veja que profecia: Jesus sempre entregará sua mãe para seus discípulos mais amados. Que mistério maravilhoso! Fomos adotados por Jesus em Sua casa como irmãos porque agora Maria também é nossa mãe. O sangue do Cordeiro nos salvou. A partir da adoção em Jesus, agora também somos Filhos de Deus. E se somos seus irmãos por causa dessa adoção que recebemos de Deus Pai, por causa do sangue de Jesus, Maria, sendo esposa do Espírito Santo, passa a ser nossa mãe. Jesus não entregaria mulher mais perfeita para ser minha mãe espiritual do que a própria mãe Dele. Exemplo perfeito de humanidade e maternidade.

A ASSUNÇÃO DE MARIA

Um dia, Maria, fatigada, pediu para se deitar. Já era de idade avançada e os apóstolos sentiram que ela estava muito cansada e idosa. Deitaram-na em uma cama e viram descer do céu anjos que a levaram e deixaram no lugar do seu corpo muitas rosas. O coração dos discípulos ficou mergulhado naquele aroma. Ela, como Elias e outros grandes homens e mulheres da Bíblia, foi honrada pela sua entrega. Assunta por Deus, foi levada aos céus em corpo. Seu corpo que, a propósito, é sem corrupção, sem mancha de pecado.

Maria foi concebida sem o pecado original. Deus não deixaria seu filho nascer em um corpo manchado. E também não deixaria o corpo que gerou seu Filho, o corpo Dela, aqui. Ele não deixaria a mãe de Jesus permanecer na morte, pois quem permanece na morte é aquele que tem pecado. Maria é muito valiosa para Deus. Deus Pai a assumiu em corpo e alma. A Igreja começou a chamar historicamente esse fato de "Assunção da Virgem Maria". Imagina você ver o corpo da sua mãe subir aos céus pelas mãos de anjos! Que visão espetacular! Eu ficaria cheio de espanto.

Os discípulos e apóstolos que andavam com ela o tempo inteiro viram isso acontecer. Então, se espalhou entre todos um amor por Jesus, pelo Reino e por Maria, como um perfume. Esse perfume de rosas se espalhou entre a Igreja e todos começaram a pedir em orações e súplicas a ajuda de sua mãe, que estava viva, agora no céu!

MARIA PODE INTERCEDER POR MIM?

Mas como explicar que alguém vivo no céu ouve nossas orações? A Igreja chama isso de intercessão dos santos. Nós, cristãos católicos, acreditamos que existem três partes de uma mesma igreja que coexistem. Outra parte está na terra e se chama "igreja militante", aquela que ainda luta para chegar à santidade e ascender. Uma parte está se purificando no purgatório para entrar no céu. E a outra está no céu, ao lado de Deus, e já desfruta dos dons poderosos dos tempos que Deus tem para nos dar no *Kairós*, o tempo de Deus. Essa parte se chama "igreja triunfante" e é composta por todos aqueles que viveram na terra e seguiram confiantes em Cristo Jesus até o fim. Essa Igreja, esses homens e mulheres já estão salvos.

Naquele dia terrível, mas glorioso, Jesus estava pregado na cruz, bem como dois outros homens em suas respectivas cruzes. Um inocente e dois ladrões. Um deles blasfemou e murmurou contra tudo e contra Jesus, debochando dele, dizendo que se Ele fosse mesmo Deus que usasse seus poderes para sair dali e salvar também os dois ladrões. O segundo homem o repreendeu, dizendo que eram culpados, exceto o inocente Jesus, que eles mereciam estar ali, mas Jesus, não. Então ele olhou para o mestre, respirou fundo e pediu a Ele para que, quando chegasse aos céus, que intercedesse para que fosse salvo também. Jesus disse a esse segundo ladrão arrependido: "Ainda HOJE estarás comigo no paraíso". Dimas era seu nome. Eu creio que ele inaugurou uma casa que também é nossa, já está pronta, e só precisamos esperar esse dia chegar. O céu é nosso.

Essa Igreja que está no céu, nesse exato momento, ouve as preces daqueles que ficaram aqui na terra e oram junto conosco a Deus Pai para que o nosso coração esteja mais conectado a Deus. Pense comigo:

Quantas vezes você pediu a alguém para orar com você por algum propósito? Como uma prova que você iria fazer ou ainda uma cirurgia pela qual alguém da sua família iria passar?

Agora pense de novo:

Se você acredita que alguém na terra pode interceder com você pelas suas causas e dificuldades, por que aqueles que estão no céu, que contemplam a face de Jesus ressuscitado, não podem também?

Se estão salvos, se Deus os escolheu e eles escolheram a Deus, fizeram a vontade de Deus até o fim. Jesus prometeu: "Entretanto, aquele que perseverar até o fim será salvo" (Mt 24,13). Alguém que viveu e perseverou até o fim e mora com Deus pode ouvir nossas orações e pedir a Ele por nossas causas. O nome disso é intercessão dos santos, dos salvos. Existe gente orando por você exatamente agora. Eu mesmo, que estou escrevendo este livro, acabei de parar e orar para que Deus abra seu coração e faça você enxergar o que Ele quer fazer com você e comigo.

Vamos praticar isso?

Pare agora por um instante e faça essa experiência. Marque esta página, feche este livro, respire fundo três vezes e faça uma oração simples. Peça apenas ao Espírito Santo para abrir seu coração. Você será preenchido por uma enorme paz. E esse sinal vai te confirmar o caminho que você está começando a trilhar. O seu caminho de intimidade com Deus.

Agora, seja ousado. Ore mais uma vez e peça a Deus que abra seus olhos para enxergar a presença de Maria em toda a sua vida. Escreva em um papel o fato que o Espírito Santo te revelou agora mesmo e que você se lembrou que de uma forma extraordinária, sem você entender, as coisas se resolveram sem muito esforço. Nesse momento, Deus estava intervindo na sua história porque alguém estava preocupado com as suas causas. Esse alguém era a Virgem Maria. Tenho certeza disso, porque neste livro estamos falando dela o tempo inteiro. Você vai perceber em seu coração essa certeza, esse sentimento de testemunho.

Vamos continuar.

Sobre o Santo Rosário

A primeira oração escrita e documentada voltada para a intercessão da Mãe de Jesus aos seus filhos é a *Sub tuum praesidium confugimus Sancta Dei Genetrix*, "À vossa proteção nos recorremos, Santa Mãe de Deus". Essa é talvez a mais antiga inscrição em pergaminhos e objetos encontrados historicamente que demonstram o carinho e o amor dos apóstolos e discípulos pela Virgem Maria. Quanto à oração que chamamos de Ave-Maria, historicamente, por volta do ano 600 a sua primeira parte já era praticada e orada. Posteriormente, entre os séculos X e XI, foi acrescentado o nome de Jesus ao final da oração. A segunda parte da Ave-Maria vai surgir no século XIII, juntamente ao terço.

Tendo um papel importante, São Domingos de Gusmão (1170-1221) foi um homem de profunda sabedoria e santidade; sacerdote espanhol, fundador da Ordem dos Dominicanos, ou conhecidos como pregadores. Num determinado momento da sua vida, decidiu ir à França para lutar contra a heresia albigense. Essa heresia, entre outros erros, ensinava que havia dois deuses: um bom e um mau. São Domingos se empenhou no combate a essa afirmação; mas, no início, não conseguiu grandes frutos. Aquela época era cheia desses problemas.

Segundo uma antiga história, no ano de 1208, São Domingos, indignado, foi a um bosque chorar, rezar e suplicar à Nossa Senhora para que mostrasse uma arma espiritual capaz de vencer aquela batalha. Depois do terceiro dia que estava em oração, Nossa Senhora apareceu-lhe acompanhada de três anjos e disse a São Domingos:

"Querido Domingos, você sabe qual é a arma que a Santíssima Trindade quer usar para mudar o mundo?".

Ele disse: "A senhora sabe melhor que eu".

Então Nossa Senhora lhe disse:

"Quero que saiba que neste tipo de guerra a arma sempre foi o Saltério Angélico (palavras do Arcanjo Gabriel a Nossa Senhora na Anunciação), que é a pedra fundamental do Novo Testamento. Portanto, se você quer converter estas almas endurecidas e ganhá-las para Deus, difunda o meu saltério.".

Conta-se que Nossa Senhora, então, mostrou o terço para São Domingos, com as 50 Ave-Marias, que passou a ser conhecido como Saltério da Bem-Aventurada Virgem Maria. Desde então, começaram a espalhar essa prática São Domingos principalmente aos que não sabiam ler, mas que queriam de alguma maneira imitar os monges que recitavam os 150 Salmos da Bíblia.

Passado um tempo, como essa devoção veio a crescer entre o povo, Maria apareceu a Alano de Rupe (1428-1475), um frade dominicano, e lhe pede para avivar essa prática e orar novamente. A Virgem lhe disse que seriam necessários escritos imensos para registrar todos os milagres obtidos por meio do terço, reafirmando com força as promessas feitas a São Domingos de Gusmão.

Inspirado pela Mãe de Deus, Alano criou as agrupações de 50 Ave-Marias conhecidas como Mistérios Gozosos, Dolorosos e Gloriosos. Acrescentou também os Pai-Nossos no início de cada dezena. Surgia assim o Rosário como nós conhecemos hoje. Ainda depois de muito tempo, o Papa São João Paulo II, muito amigo de Maria, propõe que ainda faltava mais uma parte a ser contemplada no Santo Rosário. A parte que contava a vida luminosa de Jesus.

Eu preciso dizer a você que, quando oramos com o Santo Rosário, conseguimos contemplar todos os mistérios que Jesus viveu em sua paixão. Toda a vida do Filho de Deus. Praticando corretamente esse modo de orar, você será capaz de perceber a história de amor por mim e por você, que está acontecendo! Que inteligência divina! Quando oramos com o Santo Rosário, conhecemos mais a Jesus.

UM MILAGRE EXTRAORDINÁRIO

No dia 7 de outubro de 1571, houve uma grande batalha em uma cidade chamada Lepanto. Os turcos estavam avançando sobre a Europa, destruindo muitos lugares cristãos e matando muitos inocentes. Em oração, o Papa Pio V incentivava os cristãos na batalha para conter aquilo que tragicamente ocorria. A esquadra cristã, composta de aproximadamente 200 embarcações, encontrou com uma frota de turcos ligeiramente melhor equipada e mais numerosa. O papa esteve se preparando para essa batalha ao longo de vários anos, procurando formar uma união de católicos que se dispusessem a conter o avanço turco. No dia 14 de setembro de 1569, publicou um documento chamado "Carta Breve Consueverunt", pela qual recomendava a oração do Rosário por parte dos católicos, vendo nela um presságio da vitória.

Dois anos depois, aconteceu um combate que durou apenas um dia, com a vitória dos católicos. No fim da luta, Nossa Senhora apareceu diante do Papa Pio V, que estava em Roma, e deu a ele a notícia pessoalmente. Com grande alegria, o papa instituiu nesse dia, 7 de outubro, a festa de Nossa Senhora do Rosário, com a certeza de que foi por meio da oração do Rosário, recitada por tantos fiéis ao longo de dois anos, que propiciou a vitória nessa batalha tão decisiva para a cristandade.

A partir dessa data, o Rosário passou a ser conhecido como "arma poderosa", a arma por excelência dos católicos para vencerem todos os inimigos.

Por que precisamos orar com o Santo Rosário

Somos seres humanos e somos sociais. Somos relacionais e vivemos em círculos que denominamos "comunidade". A cultura de um povo é algo que vem de milênios. Uma sociedade é construída com base nessa cultura. Grande parte da civilização atual foi construída em cima dos alicerces de uma cultura judaico-cristã, incluindo moral, estudos, pensamentos, construções, artes, relacionamentos, etc. Mas hoje somos atacados em muitas áreas, as quais, por muito tempo, foram as estruturas de grande parte da nossa sociedade, como a família e a moral.

A nossa mente é sensorial. Ela percebe tudo por meio dos nossos cinco sentidos. E tudo vai para a nossa mente. Nossa alma é influenciada por aquilo que ouvimos, tocamos e consumimos. O que quero dizer é que o que você consome de cultura, por exemplo, vai influenciar sua vida diretamente, no conjunto. Exemplificando: música é algo espiritual. Influencia nosso ânimo, e, em alguns casos, traz serenidade para a mente e cura doenças. Mas se você ouve músicas que dizem coisas contrárias ao bem comum, que trazem palavras de desconforto ou maldição, que falam de morte ou depressão, é quase impossível não se tornar uma pessoa: triste, depressiva que seja até surpreendida por pensamentos de morte e suicídio. Somos influenciados diretamente por aquilo que ouvimos, percebemos, tocamos e consumimos.

Eu tenho muitos amigos médicos e alguns nutricionistas. Gosto muito dessa área. Possuo um problema crônico de saúde que me faz ter o colesterol ruim no limite. Preciso tomar remédios para controlá-lo, assim como meu nível de triglicerídeos. Em muitas conversas que tive com eles sobre vida saudável, aprendi que, para emagrecer e melhorar minha vida cardíaca, eu preciso potencializar a qualidade da minha alimentação, praticar exercícios e também dormir bem. Compreendi que tudo o que eu como traz benefícios ou prejudica meu corpo, que a prática de exercícios acelera meu metabolismo, ajudando a controlar minha doença, e que o sono é fundamental para eu ser mais criativo e manter minha rotina de vida. Durante muitos anos mantive hábitos alimentares desregulados: com frituras, refrigerantes, doces, açúcar, sal em excesso. Eu estava intoxicado com muita sujeira e precisei fazer um resguardo pra desintoxicar meu corpo de tanta impureza.

Quando nos alimentamos de forma errada, nosso corpo vai adoecendo, e para recuperar a saúde, precisamos de um tempo passando por um processo de limpeza no organismo. Esse processo se chama desintoxicação alimentar. Isso acontece também quando você fuma por muito tempo e precisa parar. O pulmão vai se sujando de várias impurezas, fica pesado e muito sujo. Há diversos vídeos na internet sobre o assunto. No processo de desintoxicação das impurezas do cigarro, você precisará de, pelo menos, dez anos de abstinência para não passar por uma doença respiratória grave.

Podemos trazer toda essa experiência para a vida espiritual. Percebi que por causa da cultura em que vivemos, somos mergulhados o tempo inteiro em conteúdos que não são nada sadios. Fiz faculdade de *design* e lá fui apresentado à cultura da arte no mundo. Nessa matéria eu aprendi que arte é considerada uma faculdade humana espiritual. Na religião, acreditamos que tudo o que é arte vem do espírito e que homens e mulheres artistas são pessoas de extrema espiritualidade. São sensíveis cheios de inspiração. E como são assim, tudo o que produzem pela arte tem uma direção, um alvo. Quando alguém faz uma pintura, ou escreve uma música, ou faz algum trabalho visual, quer comunicar alguma coisa para alguém. E sempre será o seu estado de espírito, sua inspiração, seu pensamento, aquilo que acredita. Quando consumimos esse conteúdo, colocamos para dentro da nossa alma coisas que vieram de outra alma. Então, se ouço músicas depressivas, que foram feitas por uma banda que deseja isso, minha alma acabará por ficar depressiva também. A alma absorve tudo.

Vivemos em um mundo intenso, cheio de informação o tempo inteiro. Por meio da internet e dos meios de comunicação que estão mergulhados hoje no pecado, podemos consumir esse tipo de "comida espiritual". O pecado hoje está muito mais disponível do que antes. Nossa mente é mergulhada o tempo inteiro nele. Já está imerso em nossa cultura. Os jovens são treinados nas escolas, desde pequenos, em um sistema de ensino de informação distorcida, no qual ensinam às nossas crianças, por exemplo, que homem e mulher não são condições biológicas, mas construções sociais. Eu mesmo já percebi em mim reações a fotos e comentários que depois eu mesmo ouvi ou li minhas próprias respostas e pensei: *De onde tirei isso?* Somos bombardeados em nossa mentalidade com a mente do mundo e não a de Deus. Acabamos por assimilar informações e coisas que colocam todos os dias na nossa cabeça e não estamos nem percebendo.

Na vida espiritualm, nossa alma precisa passar por uma desintoxicação para se limpar das impurezas do pecado. Para isso, a Igreja sabiamente se usa das artes, da música, dos recursos que Deus nos deu para criar aqui na terra um pedaço do céu. Antigamente a missa era celebrada em latim. A maioria do povo não entendia a língua e ia participar da Santa Missa "no automático". Eram na sua maioria muito simples. Então, os padres da época tiveram a brilhante inspiração de adornar as igrejas com afrescos e pinturas que contassem a história da Bíblia. Por isso temos grandes pinturas como a da Capela Sistina, de

Michelangelo, ou ainda as obras de Aleijadinho, em Minas Gerais, que ilustram a Bíblia para os mais simples com uma riqueza de detalhes e beleza extraordinárias. O que a Igreja queria na verdade era cercar aquele espaço, criar um ambiente de santidade, para que o povo, participando da Santa Missa, mesmo que não entendesse o que estava sendo lido, entendesse com a alma o que estava acontecendo ali. Assim nasceu a arte sacra.

Na sua casa, em meio à correria da vida, você também precisa criar um ambiente de oração. Um cantinho com uma pintura ou objetos que te lembrem quem você é e de onde você veio. Pode ser uma foto, uma pintura, um ícone. Esse lugar será seu espaço sagrado. Um refúgio. Para onde você pode fugir quando estiver passando pelo vale. Ali você vai criar disciplina. Precisamos limpar a mente e a alma dos pensamentos mundanos. Para isso podemos usar todos os recursos disponíveis, incluindo as artes. Músicas mais calmas, como as gregorianas, são muito utilizadas para momentos de oração íntima. No entanto, você pode, é claro, usar de outros tipos de música, como as nossas, da Colo de Deus.

Nesse lugar sagrado vamos aprender a usar a ferramenta maravilhosa que é o Santo Rosário. Parar a correria do dia e orar com cada dezena desse poderoso remédio de desintoxicação da alma. Repetir as palavras do Anjo Gabriel à Maria todos os dias vai te levar para aquele dia maravilhoso em que Deus fez o anúncio do que aconteceria com ela, com você e comigo. Refletir em cada mistério do Rosário vai te lembrar de um Deus que é apaixonado por você, que deu a vida para te salvar.

Quando você quer passar em uma prova ou aprender uma música que você gosta muito, você a treina muitas vezes para sair automaticamente da sua boca quando você precisar cantá-la, ou ainda estuda repetidamente para responder às questões dessa prova. Assim é o Santo Rosário. Repetimos constantemente na nossa cabeça, em nossa inteligência, de forma disciplinada, o mistério da encarnação, vida, paixão, morte e ressurreição de nosso Senhor Jesus Cristo, até que nossa mente esteja tão mergulhada nisso, que nos momentos de dor e desespero, em vez de xingarmos um palavrão ou murmurarmos contra a vida, possamos dizer em alta voz: "Roga por mim, Santa mãe de Deus!". A boca fala o que o coração está cheio... Se ele está cheio de Maria, está cheio daquilo que Deus disse a ela.

Que alegria recebermos das mãos dela mesma a resposta para enfrentar as batalhas da vida, como a Igreja enfrentou durante a batalha de Lepanto. Que sabedoria infinita de Deus por permitir que, se fizermos isso, estaremos limpando nossa mente pela Sua palavra.

Eu fui protestante até os 20 anos. Aprendi que Deus rejeita vãs repetições. Li na Bíblia, em Mateus 6,7-8: "E, orando, não useis de vãs repetições, como os gentios; porque pensam que pelo seu muito falar serão ouvidos". Depois de muito relutar em orar com o Santo Rosário por causa dessa passagem bíblica, com medo das vãs repetições, precisei refletir muito sobre o assunto. Descobri que orar com o Santo Rosário não entra nesse ponto de ser uma vã repetição. Quando oramos com o Santo Rosário, repetimos em primeiro lugar a palavra do próprio Deus pela boca do Arcanjo Gabriel. Se dissermos que repetir o que Deus diz é vão, então desdizemos a Bíblia inteira.

Vale a pena ressaltar também que não oramos com o Santo Rosário como uma fórmula mágica ou algum tipo de feitiçaria ou simpatia mística, querendo favores. O Rosário não é isso. Cada parte dele é uma parte da vida de Jesus, e ao rezarmos com Ele, terminamos suplicando à Nossa Senhora para que ore por nós junto a Ele. Pedir a Deus que cuide de nós não é em vão. Nunca será. A Bíblia é a palavra de Deus. Ela tem poder para te curar. Quando entendi que não era em vão, também entendi que se eu repetisse várias vezes as orações no Santo Rosário em vez de repetir meu pecado várias vezes, como sempre fiz, era muito melhor. Parar de repetir o pecado para repetir a palavra de Deus, simples assim. Então decidi por rezar com Ele, milhares de vezes, para que minha carne não tivesse poder sobre minha mente.

Então desenvolvi um processo de disciplina mental para reeducar minha mente a respirar o céu. Para alcançar metas no seu corpo, você precisa se exercitar. Para alcançar metas espirituais, você também precisa se exercitar. Dois exercícios perfeitos para você recuperar sua saúde mental: Leia a Bíblia e reze com o Rosário. Você vai encher sua inteligência com a palavra de Deus e sua alma com os mistérios da vida de Jesus por meio da contemplação no Santo Rosário.

Comece agora mesmo

Se você nunca rezou com o Santo Rosário, faça sua experiência agora mesmo. Mas quero te dizer primeiro que Nossa Senhora fez algumas promessas a São Domingos de Gusmão para aqueles que praticassem a vida espiritual com o Santo Rosário. São palavras da própria mãe de Jesus para mim e para você. São elas:

1. Prometo minha proteção e as maiores graças aos que rezarem o terço.
2. Aqueles que rezarem-no com muita fé em vida, na hora de sua morte encontrarão a luz de Deus e a plenitude da sua graça.
3. As crianças devotas dele merecerão um alto grau de glória no céu.
4. Obterão tudo o que pedirem mediante esta oração.
5. Os que propagarem esta devoção serão assistidos por mim em suas necessidades.
6. Os que acudirem a mim ao rezá-lo, terão como intercessora toda a corte celeste durante a vida e na hora da morte.

Essas promessas, de uma maneira ou de outra, foram reiteradas por Nossa Senhora nas aparições em Fátima.

Diálogo entre a Irmã Lúcia e Nossa Senhora:

Nossa Senhora: "Não tenhais medo, não farei nenhum dano!".

Irmã Lúcia: "De onde vem Vossa Mercê?".

Nossa Senhora: "Venho do Céu".

Irmã Lúcia: "E o que queres de mim?".

Nossa Senhora: "Venho pedir-te que durante seis meses seguidos venhas aqui no dia 13 a esta mesma hora. Então te direi quem sou e o que quero. E, depois, voltarei aqui uma sétima vez".

Irmã Lúcia: "E irei eu também ao céu?"

Nossa Senhora: "Sim, irás".

Irmã Lúcia: "E Jacinta?".

Nossa Senhora: "Também".

Irmã Lúcia: "E Francisco?".

Nossa Senhora: "Também! Mas terá que rezar muitos terços!... Desejais oferecer-vos a Deus para suportar todo o sofrimento que Ele deseja enviar-vos, como ato de reparação pelos pecados pelos quais Ele é ofendido e para pedir pela conversão dos pecadores?".

Irmã Lúcia: "Sim, queremos".

Nossa Senhora: "Então tereis que sofrer muito. Mas a graça de Deus vos confortará". Luz intensíssima que penetrou no mais profundo do coração e da alma.

Nisto, se ajoelharam e fizeram um ato de adoração a Deus. Maria disse em seguida:

Nossa Senhora: " Rezai o Rosário todos os dias para obter a paz do mundo e para terminar a guerra".

Como é importante orarmos com o Santo Rosário para mudarmos a nossa vida e a vida de outros. Depois de entender isso, fui buscar referências de outras pessoas que já passaram pela história da salvação e conseguiram chegar lá, para saber o que eles achavam sobre isso. Descobri que todos os que conseguiram, sem tirar nenhum deles, eram muito marianos. Amavam muito a Virgem Maria! Percebi que, realmente, a melhor escola para chegar até o final não poderia ser diferente, era ela, a mãe do meu Senhor. Se eu entendesse quem ela era, se entendesse a vida dela, se buscasse saber mais dela, eu encontraria respostas para minha vida e para minha intimidade com Deus. Eu quis ser como Maria, naquele dia. Amiga de Jesus.

Veja o que encontrei sobre a Virgem Maria:

"Se quiserdes que a paz reine em vossas famílias e em vossa pátria, rezai todos os dias o Santo Rosário em família."

Pio X

"A família que reza unida permanece unida. O Santo Rosário, por antiga tradição, presta-se de modo particular a ser uma oração onde a família se encontra. Os seus diversos membros, precisamente ao fixarem o olhar em Jesus, recuperam também a capacidade de se olharem sempre de novo olhos nos olhos para comunicarem, solidarizarem-se, perdoarem-se mutuamente, recomeçarem com um pacto de amor renovado pelo Espírito de Deus. Muitos problemas das famílias contemporâneas, sobretudo nas sociedades economicamente evoluídas, derivam do fato de ser cada vez mais difícil comunicar. Não conseguem estar juntos, e os raros momentos para isso acabam infelizmente absorvidos pelas imagens duma televisão. Retomar a recitação do Rosário em família significa inserir na vida diária imagens bem diferentes – as do mistério que salva: a imagem do Redentor, a imagem de sua Mãe Santíssima. A família que reza unida o Rosário reproduz em certa medida o clima da casa de Nazaré: põe-se Jesus no centro, partilham-se com Ele alegrias e sofrimentos, colocam-se nas suas mãos necessidades e projetos, e Dele se recebe a esperança e a força para o caminho."

João Paulo II,
***Rosarium Virginis Mariae*, nº 41**

"O terço é a melhor maneira de rezar."

Santa Teresa

"Entre todas as homenagens que se devem a Mãe de Deus, não conheço nenhuma mais agradável que o terço; a essa devoção devo minha salvação eterna."

Santo Afonso Maria de Ligório

"Depois da missa, a devoção do terço faz cair sobre as almas mais graças que qualquer outra; e, pelas Ave-Marias, opera-se muitos mais milagres que qualquer outra oração."

São Vicente de Paulo

Milagres podem acontecer quando oramos com o Santo Rosário?

Um santo homem, chamado de Alano de Rupe disse que seriam necessários volumes imensos para registrar todos os milagres obtidos por meio do Rosário.

Há algum tempo, na cidade de Cartago, na Costa Rica, houve um terremoto tão violento que devastou a ilha. A revista *AméricaEconomía* publicou uma matéria muito curiosa: o sr. Ezequiel Gutiérrez Iglesias, político daquele país, no momento do terremoto estava em sua casa rezando o Santo Rosário junto a toda a sua família. Algumas pessoas tentaram lhes convencer a saírem de casa e irem para as ruas, mas o ele obrigou a família a permanecer ali até o fim. Quando terminaram, saíram à rua e se assustaram ao ver que todas as casas tinham desabado. Nenhum prédio ficou em pé, estava tudo no chão. Somente a casa do ex-presidente não teve nenhum dano, nem sequer um abalo.

O maior milagre que pode acontecer na vida de alguém sempre será a sua conversão genuína. Eu creio fielmente que em todas as nossas orações, se pedíssemos menos e nos voltássemos mais para a contemplação da vida de Cristo e para a comunhão com Deus, com certeza elas seriam muito mais frutificantes. Os milagres e prodígios são sinais de que estamos com Jesus e que Ele é quem conduz a obra. A palavra nos garante isso quando diz: "Os sinais acompanharão os que creem" (Mt 16,17). Porém, tenho visto em mim muitas vezes a tentação de querer mais os milagres de Deus do que o Deus dos milagres. Então, tenho feito esse exercício de não pedir nada a Deus, mas sim me aproximar Dele com orações para chamar a Sua presença. Tenho feito isso com o Rosário também. Essa grande ferramenta de oração tem me sustentado cada vez mais na presença de Deus. Tem me feito perceber e contemplar os mistérios da vida do meu amado.

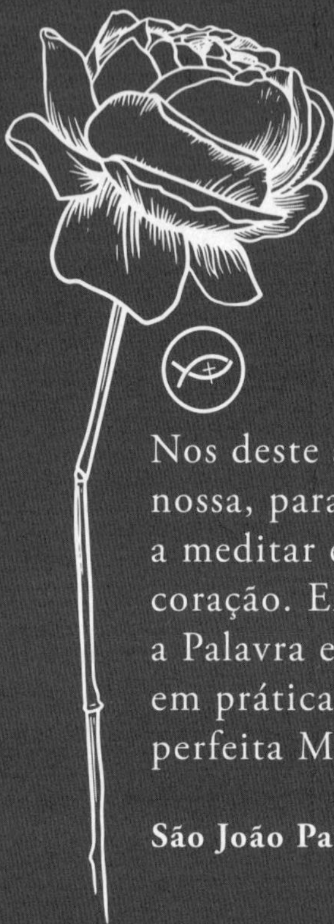

Nos deste a Tua Mãe como nossa, para que nos ensine a meditar e adorar no coração. Ela, recebendo a Palavra e colocando-a em prática, fez-se a mais perfeita Mãe.

São João Paulo II

Capítulo 5

O que é uma devoção

Nosso vocabulário é muito vasto. Mas nunca será suficientemente grande para contextualizar o que a Bíblia quer dizer em muitas passagens. Precisamos de figuras de linguagem e outras ferramentas para explicar por que Jesus ou outro personagem agiu ou disse tal palavra. No Brasil, a palavra "devoção" é muito distorcida por uma visão sentimentalista ou ainda inculturada em religiões não cristãs. Muitas vezes, quando falamos de devoção, faz-se ligação com algo religioso. Uma devoção consiste, em sentido próprio, em estar pronto para trabalhar com vontade a tudo quanto diz respeito ao culto e ao serviço de Deus. Então, a verdadeira devoção sempre será aquela que é voltada ao serviço e à adoração a Deus. Deus é o fim único de toda e qualquer devoção.

Quando dizemos que somos devotos, dizemos que nossos trabalhos, esforços, palavras, sentidos, tudo é voltado para Deus, não para santos ou para Maria. Quando alguém diz "Sou devoto de Nossa Senhora", está dizendo que, ao olhar para Maria, quer seguir o caminho dela para obedecer ao Pai. A verdadeira devoção faz você observar, na pessoa a qual você nutre admiração aquilo que de Deus existe nela. Estamos falando aqui da grandeza, da riqueza, perfeições, bondade e outras virtudes, que vêm de Deus e pertencem a Ele. Uma devoção nunca nos afasta de Deus, pelo contrário. Uma devoção nunca será prestar culto a um homem comum, mas sim um estímulo para estar perto de Deus e adorá-lo. Uma devoção é um trabalho em um campo. Eu gosto muito do sentido que Deus dá na visão do Éden e de Adão.

Sempre gostei muito de estudar, li muitos livros. Isso vem da minha mãe. Como ela era professora, tinha o hábito de ler e eu a imitava. Tínhamos em casa uma coleção invejável das obras de literatura brasileira e estrangeira. Ela lia em francês e eu a ouvia maravilhado. Quando me converti, decidi ler a Bíblia inteira. Fiz isso sete vezes em um ano. Aí, não muito satisfeito, fui atrás dos escritos originais da palavra de Deus. Aprendi muita coisa nova e descobri que, no hebraico, a Bíblia é muito mais rica do que em português.

Para te explicar minha visão sobre a devoção, eu preciso dizer que na Bíblia nem sempre a tradução literal explica o contexto. É preciso interpretação. Existem muitas palavras que no hebraico original comunicam a ideia de devoção. Na maioria delas as palavras relacionadas a servir a Deus ou a trabalhar no templo referem-se à devoção. Eu particularmente gosto muito da palavra que é utilizada para trabalhar no campo e também no ofício divino que é a **עבודה** que quer dizer "avodá" e se lê como "abodá". Tem um sentido maravilhoso. É encontrada em muitas passagens bíblicas, como no Gênesis, capítulo 2, versículo 15, ou ainda no capítulo 29 do mesmo livro. Tem relação profunda com trabalhar e adorar a Deus e cuidar de sua criação. Assim que pensamos em trabalhar, em qualquer cultura estamos falando sobre usar ferramentas e esforço em um espaço físico para produzir alguma coisa. Todo trabalho ou serviço é executado em um lugar. Quando me converti, entendi que Deus estava me pedindo tudo. Meus pensamentos, minhas palavras, meu olhar, minha música, minha profissão. Ele me pediu tudo. Canto isso muitas vezes em muitas músicas que compus para Ele. Decidi entregar tudo a Ele. Foi escolha minha. Descobri que o nome disso é devoção. Na história de Adão e Eva, nossos primeiros pais, no livro de Gênesis, Deus entrega a ele uma tarefa sagrada: trabalhar no paraíso. A palavra utilizada no texto original fala disso. De um ofício consagrado a Deus. Também podemos entender que Adão assumiu para si a responsabilidade de cuidar da própria terra da qual foi criado. Isso fica mais claro ainda em hebraico, já que "terra" é *adamá* – que tem a mesma raiz do nome Adão (*Adam,* em hebraico). Adão foi feito daquela terra que agora ele iria cuidar. Que mistério maravilhoso. Ligando tudo, descobri que, quando falamos em devoção, no sentido de *avodah*, estamos falando "trabalhar em si mesmo". De arar a terra que existe em nós. Adão e terra têm o mesmo radical. Quando ele decide trabalhar a terra, na verdade ele está falando de trabalhar e cuidar de si mesmo, do lugar divino onde Deus habita, do paraíso, da casa de Deus. Deus habita em Adão. Adão é feito da terra que ele mesmo pisa. Ela é um paraíso. Precisa ser cuidada por Adão, que é guiado por Deus, que mora nele. Olhe quantas coisas no texto! Devoção tem a ver com cuidado e crescimento. Devotar é gastar tempo. Ter devoção é amar a Deus sobre todas as coisas. Nosso português é muito raso para definir coisas tão profundas que existem no texto original da Bíblia.

Devotar é trabalhar, crescer, eu *preciso* ser devoto. Criar uma prática de devoção para o crescimento. Uma prática diária, disciplina. Tempo. Preciso investir para fazer crescer. Devotar é como plantar uma semente. Para que ela dê frutos bons, é preciso muito cuidado. Você precisa cuidar da sua vida espiritual assim como de uma pequena plantinha para que ela cresça.

Eu tenho muitas rotinas. Necessito delas porque sou muito ativo. Se eu não tiver uma listinha de coisas a fazer, me perco durante o dia por conta das muitas responsabilidades que tenho como fundador, formador, pai, esposo, cantor, músico, etc. Preciso arrumar tempo para tudo, e no meio do tiroteio do dia, preciso falar com Deus o tempo todo. Para criar disciplina, preciso de um bom mestre. Essa pessoa precisa ter uma característica que faz dela única para mim, no meu propósito: necessita ter experiência no que eu estou passando. Aprender o caminho das pedras com quem já o experenciou é muito melhor do que descobri-lo sozinho. Na minha graduação em Design, em História da Arte, eu aprendi que o ser humano cresceu de forma exponencial quando aprendeu a guardar suas memórias. Assim que desenvolveu a escrita, pela pintura rupestre, deixou para a eternidade os fatos que aconteciam naquele tempo. História e memória fazem um povo crescer. Olhando para isso, eu percebi que precisava de mestres que pudessem me ensinar a enfrentar as dificuldades da vida espiritual pelas quais eu estava enfrentando. Preciso de orientação para as minhas dúvidas cotidianas. Então, encontrei muitos homens e mulheres da Igreja que fizeram a história acontecer. Encontrei Francisco de Assim: um jovem bonito, rico, que decidiu largar tudo e dar sua vida de forma completa a Deus e transformar o mundo pela sua pobreza. Encontrei a grande Tereza, uma monja da cidade de Ávila, na Espanha. Mulher temperamental, líder, que reformou o Carmelo onde consagrou sua vida a Deus e, com uma prática de vida reta e austera, fundou muitos outros monastérios, espalhando o carisma das Carmelitas pelo mundo. Encontrei uma freira, Madre Teresa de Calcutá, cheia de um caráter impressionante, e que mesmo sendo de uma congregação enclausurada, saiu e foi para os guetos de Calcutá, cuidou dos pobres com a própria vida e reescreveu a história de muitas pessoas, tratando muitas delas ainda quando crianças. Muitas delas cresceram e seguiram suas vidas ajudando o próximo. O mundo não foi mais o mesmo depois dessas pessoas. Elas foram grandes propósitos de Deus para a humanidade. Foram um presente para a terra, seguindo os passos do mestre Jesus. Aprendi que, se lesse os escritos deles, eu aprenderia os caminhos que fizeram para chegar aonde chegaram. Olhando para a humanidade deles, e comparando-a com a minha, consegui enxergar que eles, sendo iguais a mim, conseguiram chegar ao fim. Então, se conseguiram, já sabem o caminho. É como uma caça ao tesouro. Quem achou primeiro o tesouro sabe onde ele está e conhece o melhor caminho. Ao possuirmos o mapa dos precursores que encontraram esse tesouro, vamos percorrer o caminho muito mais rápido. Sou um homem com um ofício divino dentro de mim... e que ele passa por outros homens e mulheres devotas, como Francisco e Teresa, ou ainda muitos outros.

No que se refere a uma devoção mariana, ou seja, se sou devoto a Deus por Maria, essa prática, essa vontade em mim precisa me levar a Deus. Toda devoção mariana é cristocêntrica. "Jesus Cristo é o alfa e o ômega, o princípio e o fim de todas as coisas. Nós só trabalhamos, como diz o Apóstolo, para tornar todo homem perfeito em Jesus Cristo, pois é em Jesus Cristo que habita toda a plenitude da divindade", diz São Luís Maria Grignon de Montfort no seu livro *O tratado da verdadeira devoção à Santíssima Virgem*.

A devoção mariana tem uma característica muito especial. Nossa Senhora apareceu muitas vezes depois da assunção aos céus: em Lourdes, na França, em Akita, no Japão, em Fátima, em Portugal, e em muitos outros lugares. Histórias extraordinárias de grandes sinais e prodígios são relatadas por pessoas que vivenciaram essas aparições. Uma das que mais me impressiona é a história de Guadalupe. A pintura da virgem que ficou estampada no tecido, entregue pelo índio ao seu bispo, foi analisado por técnicos da NASA, a empresa norte-americana responsável por grandes inventos tecnológicos. Eles conseguiram constatar que a tinta usada no manto não é feita de materiais conhecidos na Terra. E que ela flutua no tecido. Jesus Cristo! Quanto mistério existe nessas aparições.

Maria recebe um nome para cada lugar. Ela é chamada de Nossa Senhora de Fátima por ter aparecido na cidade de Fátima, em Portugal, por exemplo. Mas a grande mensagem que ela deixou está no pedido forte de conversão. Deixou três segredos com os pequenos pastores, Francisco, Jacinta e Lúcia, que foram revelados com os anos que se passaram. Um deles tinha a ver com o atentado à vida de João Paulo II, o papa que mais evangelizou a juventude no mundo inteiro. Mas a mensagem de Fátima é bem maior do que os segredos revelados. Ela pede aos pastores que anunciem ao mundo que Jesus está voltando e que é preciso muita oração, jejum e penitência. A mensagem de Fátima tem a ver com a preparação da igreja para receber Jesus em Sua Glória. Eu sou devoto. Tenho devoção a Deus, por Maria, pela experiência de Fátima. Minha missão de vida passa pelo anúncio da preparação da vinda do Cordeiro Santo. Minha devoção a Deus passa por Maria.

Toda devoção genuína leva a um verdadeiro ato de caridade, a uma união amorosa com Deus. A partir dela, tornamo-nos amigos pela ação da graça: quanto mais amamos a Deus, mais queremos servir ao outro. Portanto, toda devoção verdadeira precisa me levar na direção do meu irmão.

Devoção é estar disponível. A devoção genuína é uma determinação de fazer acontecer o Reino de Deus, primeiramente em si mesmo e depois ao seu redor, mesmo que as dificuldades venham sobre si e façam com que o desânimo seja mais seu amigo do que as vitórias. Essa vontade que luta dentro de nós para continuar é chamada de devoção substancial. Ela é a causa de se conseguir méritos diante de Deus. Deus reconhece nossos esforços. Mesmo que sejam fracos.

Uma devoção apenas sensível não tem consistência diante de Deus. Deus quer luta. Ele quer disposição instantânea. Ele pede, estamos aqui. Mas Deus sabe que somos fracos e não conseguiremos entregar a Ele uma devoção perfeita. Ele conhece nosso apego às consolações e nossas fraquezas humanas. Por isso Ele nos entrega homens santos para servirem de modelo, e nos entrega sua mãe, Maria. Não sei você, mas é coisa de filho... Quando eu caía no chão, o primeiro nome que me vinha à garganta sempre era "Maaaãe!". Parece que, quando ela vem, o que dói para. O que machucou, sara. Colo de mãe é confortável. Mão de mãe é macia, mesmo que seja trabalhadeira. Perfume de mãe é gostoso. Às vezes acho até que Jesus ainda procura o colo dela no céu...

Quero completar que minha devoção final é a Deus, meu Senhor e Salvador. Mas sou devoto a Ele pela vida de Maria. Faço meu serviço a Ele pelos cuidados de Maria. Quando toco ou canto, executo entregando a Maria o que faço, porque sei que toda mãe conhece bem seu filho e seu esposo. Sei que Maria sabe de modo exato qual é a cor preferida de Jesus. Sei que ela conhecia o tempero certo para a comida Dele. Só Maria sabe dessas coisas. Então, se quero entregar algo a Deus, passo por Ela, entrego a Ela e digo: "Mãe, entrega isso para Jesus por mim, por favor?". Às vezes posso ver o sorriso no rosto Dela quando eu faço isso. E sinto o cheiro do perfume de rosas enquanto Ela entrega para Jesus. É coisa de mãe...

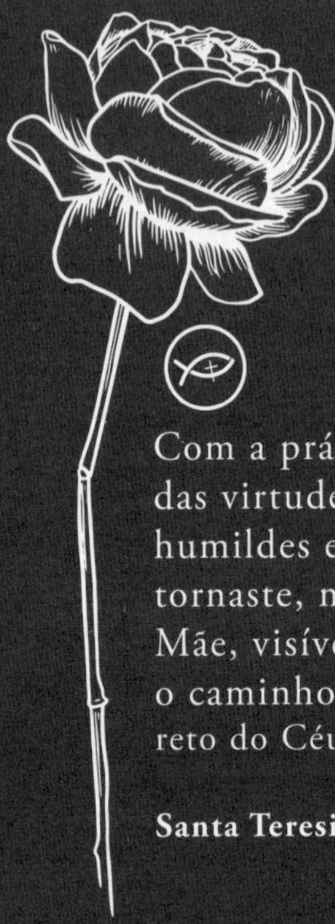

Com a prática fiel
das virtudes mais
humildes e simples,
tornaste, minha
Mãe, visível a todos
o caminho
reto do Céu.

Santa Teresinha

Capítulo 6
Culto, adoração e idolatria

Eu nasci em berço evangélico e católico. Minha família é meio a meio. Da parte da minha mãe, todos católicos. Da parte do meu pai, todos protestantes. Cresci em uma casa no bairro da Mallet, no Rio de Janeiro, com meus parentes, em um quintal com cinco casas. Naquela época, eu era bem pequeno e, no meio do quintal da casa, havia um banheiro coletivo. Deus já estava me preparando para viver em comunidade. Nesse tempo eu participava de tudo com a minha família. Eles iam para o culto, eu ia também. Minha mãe me colocou na catequese e eu fiz a minha Primeira Comunhão com 12 anos, na paróquia Nossa Senhora de Fátima e São João de Deus, em Realengo, também no Rio. Quando terminei a catequese, frequentava mais a casa dos meus primos, que eram protestantes, assim como a maioria de meus amigos. Então, como ia toda quarta-feira para o culto jovem, acabei me interessando mais pela Igreja Batista. Participei de muitos encontros e células, frequentei muitas igrejas, participei do coral jovem, andei por muitas igrejas protestantes do meu estado e da região metropolitana do Rio, cantando no coral. Começamos uma banda que era composta de protestantes e católicos, mas cantávamos apenas nas igrejas protestantes. Então, dos 13 aos 15 anos fui buscar a

Deus em muitas religiões. Conheci o Budismo, Seicho-no-ie, Espiritismo, Kimbanda, Candomblé, frequentei a Assembleia de Deus e, por fim, decidi ficar na Igreja Batista mesmo. Minha mãe, muito católica, nunca me impediu de nada, mas sempre me pedia para ir à missa com ela no domingo de manhã. Então minha vida ficou assim: eu ia ao culto jovem na quarta à noite e participava da missa aos domingos de manhã. Passei pelo processo de conhecimento e formação de Deus e decidi ser católico. Fiz o curso preparatório para o Crisma, que é o processo de confirmação da fé católica. Assumi, depois disso, a coordenação do Grupo de Jovens e também da pastoral da música da minha paróquia. Foi quando fui participar de um acampamento e tive meu encontro com Deus. Ali eu decidi mudar e viver uma vida consagrada a Deus. Como disse no capítulo anterior, eu sempre gostei muito de ler. Então, agora católico, fui ler tudo o que podia. Li os livros sobre a vida de Maria e cada vez mais me aprofundei. Maria e o Espírito Santo são os temas que eu mais gosto de ler.

Quando eu ia aos cultos protestantes por aí, ouvia muito sobre idolatria no mundo todo, e sobre a que diziam acontecer na Igreja Católica: católicos adoravam imagens, esculturas e adoravam Maria. Por muito tempo, isso me afastou do catolicismo. Portanto, naqueles dias, decidi estudar sobre o assunto. Então descobri alguns fatos: uma coisa é o que falam de você: outra, é o que acreditam que você é; e outra, totalmente diferente, é o que você é de verdade. Descobri que muita coisa que falavam da Igreja Católica era mentira. Pude saber que o erro de alguns católicos é por falta de formação e não porque fazia parte do ensino da Igreja. Informações tinham que voltar para o lugar dentro da minha cabeça. Eu precisava dar uma chance para a acusada se defender. Eu precisava ouvir a Igreja.

Estudando sobre a doutrina católica e ouvindo o que ela falava sobre culto, adoração, Deus, vida e sobre mim, entendi que ela não era nada daquilo que eu pensava. No livro de Êxodo, no capítulo 20, diz assim: "Não terás outros deuses além de mim. Não farás para ti imagem esculpida, nem figura alguma do que existe em cima dos céus ou debaixo da terra. Não te prostrarás diante dos ídolos, nem lhes prestarás culto, pois eu sou o Senhor teu Deus, um Deus ciumento". Essa passagem me martelava a cabeça porque eu não sabia o que era culto. Não sabia o que Deus estava dizendo na passagem "não prestarás culto". Me dei conta de que ainda lia a Bíblia literalmente, ou seja, sem interpretação nem contexto. Já disse nos capítulos anteriores que para ler e entender a Bíblia você precisa estudar, orar. Se faz necessário entender a cultura judaica, o contexto daquilo que foi dito. O meio em que a palavra foi dita muda muita coisa.

Jesus um dia reuniu os discípulos e contou uma parábola. Ele falou da semente que cai em terra boa e em outros terrenos. No fim, o Salvador explicou aos discípulos, com detalhes, o que Ele estava dizendo. Mas o sentido daquilo que Ele contou muda totalmente assim que você entende o contexto histórico de quando ela foi contada. A passagem do semeador fala exatamente o que é interpretar a Bíblia. A mensagem, que é a semente, é uma só. Mas, dependendo do terreno onde ela cai, pode dar frutos ou não, se sujeitando ao que tem naquela terra. Então, eu precisava estudar e entender o contexto histórico e cultural para saber o que Jesus queria dizer. Sendo assim, eu precisava compreender o contexto do livro do Êxodo para entender o que o escritor queria dizer quando falava que Deus era ciumento, que ele não queria culto a ídolos.

Como o português é muito carente em significado para interpretar literalmente o hebraico e o aramaico, fui à raiz de tudo e descobri que, do ponto de vista técnico, existe uma grande diferença entre os 3 tipos de cultos que a Igreja ensina. No aspecto prático também há diferença, uma vez que cada uma das palavras tem significados diferentes. No cristianismo, *dulia* vem do grego **δουλεια**, *douleuo,* que significa "honrar", é um termo teológico que quer dizer "entregar o prêmio a quem venceu". Honrar é completamente diferente de adorar.

Um dos Dez Mandamentos de Deus para nós é "Honrar pai e mãe". Eu posso honrar aqueles que admiro ou amo, mas não adorá-los. Meu pai foi oficial do Corpo de Bombeiros do Rio de Janeiro e viveu a vida profissional salvando vidas. Ele amava sua profissão e chegou a se aposentar como subtenente. Meu pai é meu herói. Eu adorava ouvir as histórias de salvamento que ele me contava e ficava muito feliz quando terminava dizendo que uma pessoa ou um lugar havia sido salvo do fogo. Isso gerou dentro de mim uma admiração por ele que eu carrego até hoje. Meu pai é verdadeiramente um herói. Por admirá-lo, eu quis salvar vidas também. Decidi que uma das formas de homenagear meu pai seria fazendo a mesma coisa. Então, me tornei missionário cristão. Salvo vidas também. Honrei meu pai e seus feitos. Meus filhos hoje veem o que faço e eu imagino que eles um dia, porque me amam, vão querer fazer a parte deles também. Honrar é um processo sobre legado, sobre deixar uma marca.

Pessoas boas deixam marcas fortes na história. Então, cultivar essa memória é manter essas pessoas vivas dentro de nós e isso se chama culto. Cultuar é guardar dentro do coração as pessoas que marcaram nossa história. Veja que tudo se resume a dar honra e glória a Deus, pois, quando falamos do culto religioso, falamos sempre de dar glória a Deus, mesmo que seja pela lembrança dos feitos daqueles que passaram antes de nós. Eu posso prestar *dulia* por pessoas que eu admiro. É permitido, sim! Os judeus fazem isso com frequência quando se lembram dos feitos dos seus antepassados. Veja que *dulia* não é adorar. Eu sei bem quem é meu pai. E sei bem quem é Deus. Eu não adoro meu pai. Mas o amo e o admiro, sigo os passos dele, falo dele para muita gente. Ainda aprendo muito com ele e aprendi, como homem, muitas coisas importantes em minha vida para crescer e não cometer os mesmos erros que ele. Meu pai ensinou e ainda me ensina, mesmo que hoje moremos longe um do outro. Ele é um modelo para mim. *Dulia* tem relação com isso. É fazer memória daqueles que amamos. *Hiperdulia,* que vem do grego **υπερδουλεια**, significa "grande honra". Esse termo só é usado para religião na doutrina católica. É um tipo de *dulia* especial para a mãe de Jesus. Na minha relação com meus familiares, tenho uma relação de amor maior com minha mãe. Eu amo muito meus irmãos; entretanto, minha mãe tem um lugar especial dentro do meu coração. Ela significa muito para mim. Para nós, católicos, esse exemplo que dei serve para explicar o que sentimos por Maria. É um amor especial. Não chega a ser o mesmo amor que temos por Deus. Eu amo Maria mais do que todas as pessoas que irei encontrar na minha história por causa do sim dela. Seu sim gerou dentro do ventre dela vida para mim.

Existiu um profeta chamado Elias. Os judeus dizem que não houve profeta maior do que ele. Realizou grandes prodígios e milagres em nome de Deus e foi levado em corpo por uma carruagem de fogo aos céus. Elias foi arrebatado por aquilo que ele representava para Deus e seus feitos marcaram a história de Israel. Elias é para os judeus um profeta messiânico. Eles esperam a volta dele até hoje. Existe um amor especial dos judeus por Elias. Mas os judeus não adoram o profeta. Eles adoram a Deus. Assim como nós, católicos, não adoramos Maria. Nós a admiramos mais do que a outros. No entanto, ela não é maior do que Jesus. Mas amamos Maria porque, quando olhamos para ela, não conseguimos enxergá-la. Só conseguimos ver

Jesus em tudo o que ela é e fez. Maria se diminuiu tanto que só aparece Seu Filho.

Uma boa ilustração disso seria assim: quando olhamos para Jesus, olhamos para o alto e vemos Maria no meio do caminho. Quando Deus nos olha pelo olhar de Jesus, ele vê Maria no meio do caminho. Ela não está no mesmo lugar que nós, nem no mesmo lugar de Deus. Ela está acima de nós e abaixo de Deus. E a grande beleza é que ela não fez questão de estar nessa posição. Foi colocada ali por Deus e nunca mais saiu.

Latria vem do grego **λατρεια**, *latreuo,* que significa "adorar", é um termo teológico utilizado pelas Igrejas Católica e Ortodoxa e quer dizer culto de adoração devida e dada somente a Deus, ou seja, à Santíssima Trindade. Deus é a fonte maior de toda sabedoria, misericórdia, justiça, amor e esperança. *Latria* não pode ser entregue a ninguém que não seja Deus. Só Ele recebe adoração, pois só Ele é Deus. O que posso acabar cometendo por ignorância ou por consciência é uma IDOLATRIA, que é adorar a um ídolo.

Torna-se ídolo tudo o que eu coloco na frente de Deus e faço disso meu Senhor, colocando-o em Seu Divino Trono. Ídolos podem ser pessoas, status, coisas, dinheiro, etc. Deus reina soberanamente na minha vida, mas pela minha liberdade eu posso destronar a Deus e entregar a coroa para outro rei. Ele me deu essa liberdade. Faz parte do meu livre-arbítrio adorar quem eu quiser. Deus nos fez para adorar livremente. Nisso consiste nossa verdadeira liberdade: adorar a Deus.

Nós, católicos, não adoramos Maria. Meu Deus, como eu gostaria de que todos entendessem isso. Conseguiríamos um avanço enorme nos nossos diálogos com irmãos cristãos de outras denominações. Maria ocupa um lugar muito especial em nossa vida, mas Ela não ocupa o lugar de Deus. Ela tem o lugar Dela. Que, para nós, é bem especial.

Maria, és a Mãe do Universo. Quem não se anima ao ver-te tão pura, tão terna, tão compassiva, a revelar seus íntimos tormentos? Se é pecador, tuas carícias o enternecem. Se é teu fiel devoto, somente tua presença acende a chama viva do amor divino.

Santa Teresa dos Andes

Capítulo 7
As glórias de Maria

Eu gostaria de falar aqui de um livro que me ajudou muito a entender quem Maria é na vida de Jesus. O livro chama-se *Glórias de Maria* e foi escrito por Santo Afonso Maria de Ligório.

Afonso Maria de Ligório nasceu em Nápoles, na Itália, em 1696, em uma família nobre. Seus pais, quando notaram que ele era muito inteligente e cheio de dons, patrocinaram seus estudos, que mais tarde o levariam à fama. Ficou conhecido por sua inteligência.

Aos 16 anos de idade completou o doutorado em Direito Civil e Eclesiástico. Afonso já se destacava em sua posição social, e, então, de forma involuntária, sustentou uma falsidade. Esse fato levou Afonso a profundas reflexões, a ponto de passar três dias seguidos na frente de um crucifixo. Escolheu a renúncia profissional, a herança e os títulos de nobreza para viver seu caminho vocacional. Deus o queria advogando as causas de Jesus.

Afonso colocou todos os seus dons a serviço do Reino dos Céus e assim, como padre, desenvolveu várias missões entre os mendigos da periferia de Nápoles e dos camponeses. Ele fez isso até contagiar muitas pessoas com sua missão e então fundou a Congregação do Santíssimo Redentor, ou os Redentoristas. Depois de percorrer várias cidades e vilas do sul da Itália convertendo pecadores, reformando costumes e santificando as famílias, Santo Afonso de Ligório, com 60 anos, foi eleito bispo. Por causa disso, acabou perdendo a amizade com o Papa da época e foi expulso de sua própria fundação.

Faleceu com 91 anos e deixou muitos escritos sobre a Doutrina Moral, sobre o amor ao Santíssimo Sacramento e também sobre a Mãe de Deus, sendo o mais conhecido o livro que mudou a minha vida: *Glórias de Maria*. Esse livro se baseia praticamente em analisar parte por parte a oração "Salve Rainha", e explica as aparições e devoções à Virgem Maria. Ele escreveu essa obra pensando em quem não a conhecia, para que ,sabendo das glórias que Deus entregou a Ela, realizou por Ela, a amasse mais. Sempre me perguntei sobre alguns títulos que Nossa Senhora tem, e como protestante os questionava. Quando optei pelo catolicismo, decidi estudar os títulos dela para elucidar minhas dúvidas. Vamos ver alguns a seguir.

Maria é Rainha

Eu não conseguia aceitar que Maria era uma rainha. Para mim, não dava. Então, estudando, descobri que, para Pseudo-Atanásio, ou Atanásio de Alexandria, quando seu filho homem é eleito rei, sua mãe deve ser chamada de rainha. São Bernardino de Sena diz que, quando Maria aceitou a encarnação do Verbo em Seu ventre, tornou-se rainha do mundo. Mas veja que se Jesus é o Rei do Universo, então Ela é a rainha também. Tudo o que é Dele, também é Dela. E tudo o que é Dela, é Dele. Pense que, para ter um filho de um Rei, oficialmente, uma mulher torna-se esposa desse rei. Quando assim o faz, torna-se Rainha. Todas as criaturas que servem a Deus, agora também servem a Ela, sua Esposa. Se Deus é Rei do mundo natural e do sobrenatural, Maria se torna Rainha do natural e também do sobrenatural. Talvez em alguns casos uma rainha não tenha os mesmos poderes que o rei. Mas Maria tem muitos. Deus entregou a Ela muitos poderes. Que Graça de Deus Maria experimentou!

MARIA É MÃE ESPIRITUAL

Como é esposa do Espírito Santo, Maria se torna mãe espiritual. Ela cuida de todos os processos que estão no mundo sobrenatural dos seus filhos como mãe soberana. Os anjos trabalham sob Suas ordens e a obedecem para realizar a grande obra de Deus no mundo. Em Isaías 9, versículo 6, Jesus é chamado de “Pai da eternidade e príncipe da paz”. Se Deus é o pai, Maria é a mãe. Quando Ela aceita que Jesus nasça do seu ventre, também nos proporciona a vida pela Divina Graça de Deus em nós. Por Maria, Cristo nasce em carne para nos salvar. Por Maria, nós nascemos no Espírito para viver para a eternidade. Que mistério poderoso! Se somos seres participantes da vida divina, somos assim por causa da maternidade espiritual de Maria.

Em duas ocasiões especiais, Maria se torna nossa mãe espiritual. A primeira é quando ela diz sim ao anjo. Ali, ela intercedeu por toda a humanidade, pela nossa salvação. Assim que Deus a procura, a faz mãe de toda a humanidade nova, salva, por meio do seu Filho, Jesus. Nos trechos em que a Bíblia afirma que existem irmãos de Jesus, não está falando de filhos pela carne, mas de filhos adotivos que nos tornamos. Nós, pecadores, quando salvos por Jesus, temos em nós o Sangue do Filho de Deus, que é filho dela também. Se por causa do Sangue de Cristo nos tornamos filhos de Deus de volta, esse mesmo sangue nos torna filhos de Maria. Assim como não conseguiremos nascer em carne novamente, pois há apenas um nascimento na carne, só poderemos nascer de novo se for pelo Espírito. E esse Espírito que é Deus é também esposo da Virgem Maria. Logo, todo aquele que é nascido de novo, sendo Filho de Deus nascendo pelo Espírito, é também filho de Maria.

Maria se torna pela segunda vez nossa mãe espiritual quando entrega Seu Filho no calvário. Como ela sempre foi muito unida à vontade de Deus, na hora do calvário, como mãe de Jesus, sentiu as dores de ver Seu Filho inocente morrer.

Certa vez conheci uma mulher que havia perdido o filho, na volta da escola, por causa de uma bala perdida. Ele era extremamente carinhoso. Durante seu enterro, a mãe chorava desesperada e gritava com força: "Agora eu te entendo, Maria". Uma mãe sofre verdadeiramente, sofre quando vê o filho sofrer qualquer coisa. Mas vi naquele dia que a dor de ver um filho morrer de forma injusta é uma dor imensa na vida de uma mãe. Pelo sofrimento dessa dor, Maria participou do sofrimento de Deus pela humanidade.

MARIA É MÃE DE MISERICÓRDIA

A grande obra dos reis e das rainhas é a de aliviar o sofrimento do seu povo, a quem governam. Quanto mais ligada ao sofrimento deles, mais esses reis serão amados e admirados. Deus é Rei de pura misericórdia. Deu Seu único Filho para que todo aquele que Nele crê não pereça, mas tenha vida eterna, sendo que esse filho também é de Maria. Se Jesus subiu no madeiro, foi porque Ela também cedeu a isso. Ele foi obediente a Deus Pai e à Sua mãe. E assim, Ela se torna mãe da misericórdia. Normalmente uma rainha é muito ligada a causas da sociedade e também do cuidado aos menos favorecidos. Maria, como Rainha, mãe de Deus, é também muito solícita. Nunca nega um pedido e, mesmo não tendo por natureza tantos poderes quanto o Rei, ela sendo mãe Dele consegue favores que nenhum outro conseguirá. Ela também será chamada assim porque a Misericórdia do Pai tem um nome, Jesus. E Jesus é Seu filho. Jesus nasce do ventre Dela. Logo, se ela dá à luz Jesus, também dá a luz Misericórdia do Pai, encarnada.

Maria é mãe muito amada

Com pouco tempo de conversão, um dia me peguei pensando em Maria. Pensava Nela com tanto amor que eu chorava de imaginar o rosto Dela. Me envergonhei e me senti mal por pensar que estava amando mais a Maria do que a Jesus. Daí entrei em pensamentos de que estava vivendo idolatria e colocando-a no lugar de Deus. Me veio no coração uma cena de Jesus, criancinha, correndo para brincar. De repente ele cai de joelhos no chão, chora e grita bem alto: "Mamãe!". Pensei bem nisso e refleti na cena por muito tempo. Fiquei imaginando por que Jesus não chamaria "Pai!" em vez de "Mãe!". Lembrei que todas as crianças são assim. Quando se machuca, a primeira lembrança é sempre correr para o colo da mãe. Quando Ela nos pega no colo nos sentimos mais protegidos, mais amados. Não quero dizer que Deus ama menos do que Maria, mas que Jesus, sendo Deus, era filho Dela, e ninguém amou mais Maria do que seu próprio filho. Se Jesus a amou com tanto carinho, eu devo amá-la também.

POR QUE CHAMAR MARIA DE MÃE

Na Bíblia, a origem da palavra mãe é formada por duas palavras: alef, que é a autoridade e *mem*, que significa águas. As duas palavras juntas dão sentido à palavra mãe como "água forte". No judaísmo, quando fervia-se o couro dos animais, subia na água um líquido mais pegajoso, que os judeus denominavam como água forte. Eles usavam esse líquido como uma excelente cola. Assim, entendi que Deus queria que Maria que fosse uma água forte, como essas. Ela uniria com força os homens a Deus. Olhando minha própria mãe na terra, percebi que ela era isso. Minha mãe mantinha a família unida. Maria é minha mãe, muito amada.

MARIA É NOSSA INTERCESSORA

Como protestante, eu tinha um problema sério com essa palavra. Para mim, o único mediador entre Deus e os homens era Jesus Cristo. Descobri que Ele é verdadeiramente o Único. Mas existe uma grande diferença entre mediador e intercessor. Nós, católicos, acreditamos que tudo é por meio de Jesus Cristo. Nossa fé é cristocêntrica.

Jesus pede para que quando orarmos, nos direcionarmos ao Pai. "Quando quiseres orar, orem assim: Pai nosso, que estás no céu..." Então, por Jesus, aprendemos que quando oramos devemos pedir ao Pai, por causa do Filho, no poder do Espírito Santo. Nossa oração deve ser sempre trinitária.

Certa vez, estudando, eu me deparei com a leitura de Romanos 15,30: "Rogo-vos, irmãos, por nosso Senhor Jesus Cristo e pelo amor do Espírito, que luteis juntamente comigo nas vossas orações por mim a Deus". São Paulo está pedindo aos seus filhos espirituais para que intercedam por ele. Aí lembrei que eu faço muito isso também. Fiz concurso para a Escola Preparatória para Cadetes do Ar, a EPCAR. Enfiei-me nos estudo e, no dia da prova, juntei alguns amigos da igreja que eu participava e pedi a eles para orarem por mim. Ao rememorar esse episódio, me lembrei de que eu sempre acreditei que alguém pode orar por mim e interceder quando eu não consigo.

Existe uma diferença linear entre mediador e intercessor. Mediador seria aquele que faz algo no lugar de alguém. Intercessor é aquele que faz algo com alguém. Para ficar mais claro, mediador seria um filho que não tem coragem de pedir ao pai um brinquedo ou alguma coisa específica. Então ele chega para a mãe e diz: "Mãe, pede para mim isso e isso, por favor?". Então, o pai daria a graça a esse filho por causa do pedido da mãe. Intercessor seria um filho que pede ao seu pai o brinquedo, ou algo específico, e para tentar convencê-lo solicita à mãe para pedir o brinquedo ao esposo também. Então o pai concede o que o filho pediu.

Jesus é o único que pode e fez o homem ser salvo do pecado. Porém, sua mãe também possui méritos para poder pedir ao Pai em nosso favor as graças de que precisamos. A diferença é que o sacrifício de Jesus foi suficiente para pagar pelo nosso pecado. Maria pede conosco ao Pai, e não em nosso lugar. São Luís Maria Grignion de Montfort, querendo expressar essa realidade profunda, chama Maria de madianeira de intercessão junto ao Mediador. Jesus assumiu nosso lugar. Para ilustrar melhor essa diferença, temos também a passagem das bodas de Caná, na Galileia.

"Três dias depois, celebravam-se bodas em Caná da Galileia, e achava-se ali a mãe de Jesus. Também foram convidados Jesus e os seus discípulos. Como viesse a faltar vinho, a mãe de Jesus disse-lhe: 'Eles já não têm vinho'. Respondeu-lhe Jesus: 'Mulher, isso compete a nós? Minha hora ainda não chegou'. Disse, então, sua mãe aos serventes: 'Fazei o que ele vos disser'. Ora, achavam-se ali 6 talhas de pedra para as purificações dos judeus, que continham cada qual duas ou três medidas. Jesus ordena-lhes: 'Enchei as talhas de água'. Eles encheram-nas até em cima. 'Tirai agora', disse-lhes Jesus,'e levai ao chefe dos serventes'. E levaram. Logo que o chefe dos serventes provou da água tornada vinho, não sabendo de onde era (se bem que o soubessem os serventes, pois tinham tirado a água), chamou o noivo e disse-lhe: 'É costume servir primeiro o vinho bom e, depois, quando os convidados já estão quase embriagados, servir o menos bom. Mas tu guardaste o vinho melhor até agora'. Esse foi o primeiro milagre de Jesus; realizou-o em Caná da Galileia. Manifestou a sua glória, e os seus discípulos creram nele" (Jo 2, 1-11).

A situação era complicada. Era uma festa, havia muitos convidados, os noivos estavam se divertindo e felizes pelo passo dado. Quando o vinho acabasse, a alegria daquele lugar estava comprometida. Alguém lembra que Jesus estava na festa e já sentiam em seu coração que Ele poderia fazer alguma coisa. Ele diz que não faria, pois ainda não era seu tempo. Então, recorrem a sua mãe e ela vai a Jesus e o convence de fazer seu primeiro milagre público. Nessa passagem prova-se a intercessão poderosa de Maria junto ao seu Filho por nós e conosco. Intercessores são instrumentos poderosos. Negar a intercessão dos santos em nossas vidas é a mesma coisa que negar uma poderosa ferramenta disponível para alcançar boas obras.

Sempre conto uma história nas minhas pregações para ilustrar o que é intercessão. Um dia, um homem estava em casa e começou a chover muito. A represa rompeu e a água invadiu a cidade. Então esse homem, que era muito piedoso, rogou a Deus ajuda para ser salvo. Deus, então, enviou um homem em um barco. Nessa hora a água já estava na altura de um metro e meio. O homem no barco disse: "Ei, amigo, vim te buscar". O homem respondeu: "Deus me salvará...". E o homem no barco foi embora. A água continuou a subir e chegou a 3 metros de altura. Nesse momento, o homem estava em cima da casa, orando a Deus para ser salvo. Então veio um helicóptero e tentou resgatá-lo. Ele disse às pessoas do helicóptero: "Deus me salvará...". E o helicóptero foi embora. O homem morreu afogado. Chegando à porta do céu, perguntou a São Pedro sobre sua salvação... Por que ele morreu afogado, se ele tinha fé e pediu a Deus que o salvasse? Pedro lhe respondeu: "Ele te enviou o homem no barco e você não quis... Enviou o helicóptero e você negou. Então é isso mesmo...".

Deus usa de nossas orações e intercessões pelo próximo para Sua obra de Salvação. Para entender isso, você tem que fazer um esforço para enxergar a vontade do Senhor que se utiliza disso em nosso intermédio.

"Deus fazia milagres extraordinários por intermédio de Paulo, de modo que os lenços e outros panos que tinham tocado o corpo eram levados aos enfermos e afastavam-se deles as doenças e retiravam-se os espíritos malignos" (At 19,11-12).

"Punham-nos em leitos e macas, a fim de que, quando Pedro passasse, ao menos sua sombra cobrisse alguns deles" (At 5,15).

Sem contar que se a pessoa viva pode interceder e elevar para o próximo mesmo estando longe de Deus, então a oração de uma pessoa que já está confirmada na graça de Deus é muito mais eficaz. Nosso Senhor nos manda

"Orar uns pelos outros" (Mt 5,44). São Tiago nos ordena "orar uns pelos outros" (Tg 5,16). São Paulo diz que "ora pelos colossenses" (Col 1,3). "Se nos ajudar também a vós com orações em nossa intenção. Assim esta graça obtida por intervenção de muitas pessoas lhes será ocasião de agradecer a Deus a nosso respeito" (2 Cor 1,11).

Particularmente, foi muito difícil entender isso, porque, na minha cabeça, Maria... havia morrido. E como estava morta, ela não podia interceder por nós. Foi quando tive outro sonho com ela. Nele, os apóstolos estavam reunidos ao redor de Nossa Senhora deitada em uma bancada de pedra, chorando. De repente se ouviu um grande estrondo no céu e ele se abriu. Os anjos desceram e levaram o corpo de Nossa Senhora para o céu. Acordei chorando naquela noite. Liguei para meu diretor espiritual e descobri que essa era a história da Assunção de Nossa Senhora, que Maria tinha sido assunta ao céu por Deus, em corpo e alma. A Igreja chama esse fato de dormição de Nossa Senhora. Se ela está viva, intercede por mim a Deus. Eu creio nisso!

Mas me veio outra pergunta: "E os homens e mulheres que a Igreja Católica chama de Santos e Santas, mas que morreram, como Pedro, que morreu crucificado de cabeça para baixo? Será que eles podem interceder por mim?". Perguntei ao meu diretor espiritual e ele me indicou rezar com a passagem de João, capítulo 6. Lendo muitas vezes essa passagem, consegui entender que Jesus quando diz que aquele que come do seu corpo e bebe do seu sangue, vira sua testemunha e ganha a vida eterna. Isso quer dizer que todo aquele que morre em Cristo, o Sangue do Cordeiro recai sobre sua cabeça e, mesmo tendo morrido nessa terra, tem direito ao Reino dos Céus. Então encontrei a passagem do bom ladrão. Veja o que o Papa Francisco escreve sobre ele:

Queridos irmãos e irmãs, bom-dia!

Esta é a última catequese sobre o tema da esperança cristã, que nos acompanhou desde o início do presente ano litúrgico. E vou concluir falando do paraíso, como meta da nossa esperança.

"Paraíso" é uma das últimas palavras pronunciadas por Jesus na cruz, dirigida ao bom ladrão. Detenhamo-nos um momento sobre aquela cena. Na cruz, Jesus não está sozinho. Ao seu lado, à direita e à esquerda, há dois malfeitores.

Talvez, passando diante daquelas três cruzes erguidas no Gólgota, alguém suspirou aliviado, pensando que finalmente a justiça tinha sido feita entregando à morte pessoas como elas. Ao lado de Jesus há também um réu confesso: alguém que reconhece ter merecido aquele terrível suplício. Chamamo-lo "bom ladrão", o qual, opondo-se ao outro, diz: recebemos o que mereceram os nossos crimes (cf. Lc 23,41).

No Calvário, naquela sexta-feira trágica e santa, Jesus chega ao extremo da sua encarnação, da sua solidariedade conosco, pecadores. Ali realiza-se quanto o profeta Isaías tinha dito sobre o Servo sofredor:

"E foi contado entre os malfeitores" (Is 53,12; cf. Lc 22,37).

É precisamente no Calvário que Jesus tem o último encontro com um pecador, para abrir de par em par as portas do Seu Reino. Isto é interessante: é a única vez que a palavra "paraíso" aparece nos Evangelhos. Jesus promete-o a um "pobre diabo" que no madeiro da cruz teve a coragem de lhe dirigir o mais humilde dos pedidos:

"Lembra-te de mim, quando entrares no teu Reino!" (Lc 23,42). Não tinha boas obras para apresentar, nada possuía, mas confia-se a Deus, que reconhece como inocente, bom, tão diferente dele (v. 41). Foi suficiente aquela palavra de arrependimento humilde, para sensibilizar o coração de Jesus.

O bom ladrão faz-nos lembrar a nossa verdadeira condição diante de Deus: que somos seus filhos, que Ele sente compaixão por nós, que Ele está desarmado todas as vezes que lhe manifestamos a nostalgia do Seu amor. Nos quartos de muitos hospitais ou nas celas das prisões este milagre repete-se inúmeras vezes: não há pessoa alguma, por quanto tenha vivido mal, à qual só lhe resta o desespero e à qual seja proibida a graça. Diante de Deus apresentamo-nos todos de mãos vazias, um pouco como o publicano da parábola que tinha parado para rezar no fundo do templo (cf. Lc 18,13). E todas as vezes que um homem, fazendo o último exame de consciência da sua vida, descobre que as faltas superam de forma considerável as boas obras, não deve desanimar, mas entregar-se à misericórdia de Deus. E isto dá-nos esperança, abre-nos o coração!

Deus é Pai, e até ao último instante espera o nosso retorno. E ao filho pródigo, que regressando começa a confessar as suas culpas, o pai fecha-lhe a boca com um abraço (cf. Lc 15,20). Este é Deus: ama-nos deste modo!

O paraíso não é um lugar de fábula, nem sequer um jardim encantado. O paraíso é o abraço com Deus, amor infinito, e entramos nele graças a Jesus, que morreu na cruz por nós. Onde há Jesus, há misericórdia e felicidade; sem Ele há frio e trevas. Na hora da morte, o cristão repete a Jesus: "Recorda-te de mim". E mesmo se não houvesse mais ninguém que se recorda de nós, Jesus está ali, ao nosso lado. Quer levar-nos para o lugar mais bonito que existe. Deseja levar-nos lá com aquele pouco ou tanto de bom que houve na nossa vida, para que nada seja perdido do que Ele já tinha redimido. E para a casa do Pai levará também tudo o que em nós ainda precisa de ser resgatado:

as faltas e os erros de uma vida inteira. Esta é a meta da nossa existência: que tudo se cumpra, e seja transformado em amor.

Se acreditarmos nisto, a morte deixa de nos amedrontar, e podemos também ter a esperança de partir deste mundo de maneira serena, com muita confiança. Quem conheceu Jesus, já nada teme. E poderemos repetir também nós as palavras do Velho Simeão, também ele abençoado pelo encontro com Cristo, depois de uma vida inteira consumida em expetativa: "Agora, Senhor, deixai o vosso servo ir em paz, segundo a Vossa palavra. Porque os meus olhos viram a Vossa salvação" (Lc 2,29-30).

E naquele instante, finalmente, já não teremos necessidade de nada, já não veremos de maneira confusa. Já não choraremos inutilmente, porque tudo passou; também as profecias, inclusive o conhecimento. Mas o amor não, esse permanece. Porque "a caridade jamais acabará" (cf. 1 Cor 13,8).

Uau! Jesus, estando na cruz com os dois ladrões, diz a Dimas que "Ainda hoje ele estará no paraíso comigo...". Que mistério! Pode Deus então rasgar o véu da existência e do tempo e dar a quem morreu a salvação instantânea. Se Dimas está ao lado de Jesus, ele pode ainda hoje, na eternidade, pedir por mim que fiquei aqui e estou vivendo a temporalidade das dificuldades da vida.

Escrevi isso tudo só para dizer que eu entendi que Maria não é uma mulher qualquer. Que ela foi escolhida por Deus e por causa do seu sim nós conseguimos a salvação. Que Jesus me salvou por causa de uma intervenção divina, feita na pessoa de Maria. Ela é a imagem visível da palavra intercessão: ato que uma pessoa faz com outra em prol de algum objetivo. Quando ela disse sim, deu seu passo perfeito para trazer a encarnação do verbo. Agora, com ela, eu posso dar o meu, dizendo sim ao Sangue do Cordeiro sobre a minha cabeça, me marcando e me afastando da morte eterna.

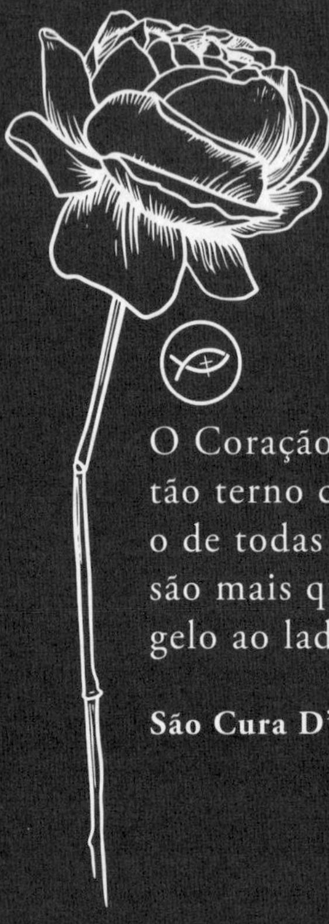

O Coração de Maria é tão terno conosco, que o de todas as mães não são mais que pedras de gelo ao lado do Seu.

São Cura D'Ars

A ESCOLA DE MARIA: OS SANTOS E O CÉU

Eis algumas orações voltadas para a mãe de Deus, vinda dos homens e das mulheres da Igreja que acreditaram em Deus de uma forma tão poderosa que chegaram ao estado de santidade plena. Quero sugerir um exercício espiritual com elas. Não as leia rezando. Leia essas orações com a sua razão, tentando entender o que o autor da oração estava vivendo naquele momento e o que ele estava querendo de Deus.

ORAÇÃO DE SANTO EFRÉM

Ó imaculada e toda pura Virgem Maria, Mãe de Deus, Rainha do universo, nossa clementíssima Soberana, sois superior a todos os santos, sois a única esperança dos eleitos e a alegria dos bem-aventurados. Por vós somos reconciliados com nosso Deus. Sois a única advogada dos pecadores, o porto de quem fez naufrágio. Sois a consolação do mundo, o resgate do cativo, a saúde do enfermo, a alegria do aflito, o refúgio e a salvação do gênero humano. Ó grande Princesa, ó Mãe de Deus, cobri-nos com as asas de vossa misericórdia, tende piedade de nós. Não nos é dada outra esperança senão vós, ó Virgem puríssima. Estamos entregues a vós e nos consagramos ao vosso serviço, como vossos servos. Não permitais que Lúcifer nos arraste para o inferno. Ó Virgem imaculada, estamos sob vosso patrocínio, por isso a vós unicamente recorremos, suplicando-vos que não consintais que vosso Filho, irritado por nossos pecados, nos abandone ao poder do demônio. Ó cheia de graça, iluminai minha inteligência, abre, meus lábios para que eu cante vossos louvores, principalmente a saudação angélica tão digna de vós. Eu vos saúdo, ó paz, ó alegria, ó consolação de todo o mundo. Eu vos saúdo, ó maior milagre do universo, paraíso de delícias, porto seguro para os que estão em perigo, manancial de graças, medianeira entre Deus e os homens.

ORAÇÃO DE SÃO BERNARDO

A vós, Rainha do mundo, erguemos os nossos olhos. Nós devemos comparecer perante o Juiz, depois de tantos pecados; quem o aplacará? Ninguém melhor que vós podeis fazê-lo, ó Santa Senhora, que tanto o amastes, e fostes por ele tão ternamente amada. Abre, pois, ó Mãe de Misericórdia, vosso coração aos nossos suspiros e às nossas sú-

plicas. Sob a vossa proteção nos refugiamos; aplacai a cólera de vosso Filho, e ponde-nos de novo na sua graça. Não odiais o pecador, por mais repelente que seja, não o desprezais desde que por vós suspira, e, arrependido, pede a vossa intercessão; vós mesma com vossas mãos piedosas o livrais do desespero; vós o animais a esperar, lhe dais conforto, e não o abandonais, até que o reconcilies com seu Juiz. Sois aquela única mulher em quem o Salvador achou repouso, e depositou sem medida todos os seus tesouros. Por isso, ó minha Santíssima Senhora, o mundo inteiro honra vosso casto seio como o templo de Deus, onde teve princípio a salvação do mundo. Aí se operou a reconciliação entre Deus e o homem. Sois aquele horto fechado, ó grande Mãe de Deus, em que a mão do pecador jamais penetrou para colher flores. Sois aquele belo jardim, em que Deus pôs todas as flores que ornam a Igreja, e entre outras a violeta da vossa humildade, o lírio da vossa pureza e a rosa da vossa caridade. A quem vos compararemos nós, ó Mãe de Deus e da beleza? Vós sois o paraíso de Deus. De vós jorrou a fonte de água viva, que rega toda a terra. Oh! Quantos benefícios fizestes ao mundo, merecendo ser um aqueduto tão salutar! De vós se fala quando se diz: Quem é aquela que surge como a aurora, formosa como a lua, escolhida como o sol? Viestes, pois, ao mundo, ó Maria, como res-

plandecente aurora, prevenindo com a luz da vossa santidade a vinda do sol de justiça. O dia em que nascestes no mundo bem pode chamar-se dia de salvação, dia de graça. Sois formosa como a lua, porque assim como não há planeta mais semelhante ao sol, assim não há criatura que mais do que vós se assemelhe a Deus. A lua ilumina a noite com a luz que recebe do sol; vós iluminais nossas trevas com o esplendor de vossas virtudes. Sois, porém, mais bela do que a lua, porque em vós não há mancha nem sombra. Sois eleita, como o sol, isto é, como aquele Sol que criou o sol. Ele foi eleito entre todos os homens, e vós eleita entre todas as mulheres. Ó doce, ó grande, ò amantíssima Maria! Nenhum coração pode pronunciar vosso nome, sem que vós o inflameis em vosso amor, aqueles que vos amam não podem pensar em vós, sem que mais confortados se vejam para crescer em vosso amor. Ó Santíssima Senhora, ajudai nossa fraqueza! Quem melhor pode falar a Nosso Senhor Jesus Cristo do que vós, que gozais tão de perto da Sua dulcíssima presença e conversação? Falai, falai, ó Senhora, porque vosso Filho vos escuta, e vos concede tudo o que lhe pedis.

ORAÇÃO DE SÃO GERMANO

Ó minha Senhora, sois a única consolação que de Deus recebo, sois o celeste orvalho que refrigera minhas mágoas; sois a luz de minha alma, quando está imersa em trevas; meu guia em minha peregrinação; minha fortaleza em minhas fragilidades; meu tesouro em minha pobreza; meu remédio às minhas chagas; minha consolação em minhas lágrimas; vós que sois meu refúgio em minhas misérias, e a esperança de minha salvação. Ouvi minhas súplicas, e tende piedade de mim, como convém à Mãe de Deus que tem tanto amor aos homens. Concedei-me tudo o que vos peço, ó vós que sois nossa defesa e nossa alegria. Tornai-me digno de fruir convosco aquela grande felicidade que gozais no céu. Sim, minha Senhora, meu refúgio, minha vida, meu auxílio, minha defesa, minha fortaleza, minha alegria, minha esperança. Mãe de Deus, e que, portanto, bem me podeis obter essa graça, se quiserdes. Ó Maria, sois onipotente para salvar os pecadores: nenhuma recomendação vos é precisa, porque sois a Mãe da verdadeira vida.

ORAÇÃO DE RAIMUNDO JORDÃO ABADE DE CELES

Atraí-me para vós, ó Virgem Maria, para que eu corra ao odor de vossos perfumes. Atraí-me, que estou retido pelo peso de meus pecados e pela malícia de meus inimigos. Como ninguém vai a vosso Filho, se não o atrair o Eterno Pai, assim ouso dizer que, em certo modo também, ninguém chega a Ele se o não atraís com vossas santas orações.

Sois vós que ensinais a verdadeira sabedoria; vós que impetrais a graça aos pecadores, porque lhes sois a advogada; vós que prometeis a glória a quem vos honra, porque sois a tesoureira das graças. Achastes graça junto a Deus, ó dulcíssima Virgem; pois fostes preservada do pecado original, cheia do Espírito Santo, e concebestes o Filho de Deus. Recebestes todas essas graças, ó muito humilde Maria, não só para vós, mas também para nós, a fim de que nos assistísseis em todas as nossas necessidades. E assim o fazeis, socorrendo os bons, mantendo-os na graça e dispondo os maus para receber a divina misericórdia. Ajudais os moribundos, protegendo-os contra as ciladas do demônio; e ainda depois da morte os socorreis, vindo receber-lhes a alma, e levando-a para o reino da bem-aventurança.

ORAÇÃO DE SÃO METÓDIO

O vosso nome, ó Mãe de Deus, está cheio de todas as graças e bênçãos divinas. Compreendestes aquele que é incompreensível e sustentastes o que a todos sustenta. Aquele que enche o céu, a terra e é Senhor de tudo, quis precisar de vós, pois lhe destes essa veste de carne que a princípio não tinha. Exultai, ó Mãe e serva de Deus. Alegrai-vos, alegrai-vos; tendes por devedor aquele que dá o ser a toda criatura; todos nós somos devedores de

Deus, mas Deus é vosso devedor. Por isso, ó Santíssima Mãe de Deus, vossa bondade e vossa caridade excedem às de todos os outros santos, e mais que todos eles tendes acesso junto de Deus, porque sois sua Mãe. Nós, que celebramos os vossos louvores, vos rogamos que nos façais saber quanto é grande a vossa bondade, lembrando-vos de nós e de nossas misérias.

ORAÇÃO DE SÃO JOÃO DAMASCENO

Eu vos saúdo, ó Maria, vós sois a esperança dos cristãos. Recebei a súplica de um pecador que vos ama ternamente, vos honra de um modo particular, e em vós põe toda a esperança de sua salvação. De vós recebi a vida, pois que me restabeleceis na graça de vosso Filho. Sois o penhor certo de minha salvação. Rogo-vos, pois, que me liberteis do peso de meus pecados; que dissipeis as trevas de minha inteligência; desterreis os afetos terrenos do meu coração; reprimais as tentações dos meus inimigos; e governeis de tal sorte a minha vida que eu possa, por vosso intermédio e debaixo da vossa proteção, chegar à felicidade eterna do paraíso.

SANTO ANDRÉ DE CRETA

Eu vos saúdo, ó cheia de graça, o Senhor é convosco. Eu vos saúdo, ó instrumento da nossa alegria, por quem a sentença da nossa condenação já foi revogada e trocada em um juízo de bênção. Eu vos saúdo, ó templo da glória de Deus, casa sagrada do Rei dos céus. Sois a reconciliação de Deus com os homens. Eu vos saúdo, ó Mãe de nossa alegria. Em verdade sois bendita, pois que só vós, entre todas as mulheres, fostes achada digna de ser Mãe do vosso Criador. Todas as nações vos chamam bem--aventurada. Ponha eu em vós minha confiança e serei salvo; esteja eu debaixo da vossa proteção, não tenho de que temer, porque ser devoto vosso é ter certas as armas de salvação, as quais Deus só concede àqueles que quer salvar. Ó Mãe de Misericórdia, aplacai o vosso Filho. Enquanto estáveis na terra, só ocupáveis uma pequena parte dela; mas agora que estais exaltada sobre o mais alto dos céus, todo o mundo vos considera como propiciatório comum de todas as nações. Nós vos suplicamos, pois, ó Virgem Santíssima, que nos concedais o socorro de vossas preces junto a Deus. Vossos rogos nos são mais caros e preciosos que todos os tesouros da terra. Eles fazem com que Deus seja propício para com os nossos pecados, e nos obtêm uma grande abundância de graças para recebermos o perdão e praticarmos a virtude. Vossos rogos guardam a distância nossos inimigos, confundem os seus planos e triunfam de seus esforços.

ORAÇÃO DE SÃO ILDEFONSO

Venho a vós, ó Mãe de Deus, e suplico-vos que me alcanceis o perdão de meus pecados, e ordeneis que eu seja purificado de todas as culpas de minha vida. Rogo-vos que me concedais a graça de me unir pelo amor a vosso Filho e a vós: a vosso Filho como a meu Deus, a vós como à Mãe de meu Deus.

ORAÇÃO DE ATANÁSIO DE ALEXANDRIA

Atendei, ó Virgem Santíssima, às nossas preces, e lembrai-vos de nós. Dispensai-nos os dons de vossa opulência e da abundância de graças de que estais cheia. O arcanjo vos saúda e vos chama cheia de graça. Todas as gerações vos chamam bem-aventurada; todas as jerarquias do céu vos bendizem, e nós, que pertencemos à jerarquia terrestre, dizemos também: Deus vos salve, ó cheia de graça, o Senhor é convosco; rogai por nós, ó Mãe de Deus, nossa Senhora e nossa Rainha.

ORAÇÃO DE EÁDMERO

Ó Santíssima Senhora, Deus vos elevou extraordinariamente e tornou-vos todas as coisas possíveis. Por essa graça suplicamos que nos façais participar da vossa glória, ó vós que possuís a plenitude das graças. Empenhai-vos, misericordiosíssima Senhora, empenhai-vos pela nossa salvação, por cujo motivo Deus quis fazer-se homem em vossas castas entranhas. Dignai-vos prestar ouvido às nossas súplicas. Se consentirdes em pedir por nós a vosso Filho, Ele logo vos atenderá. Basta que nos queirais salvar, para que sejamos infalivelmente salvos. Ora, quem nos poderia fechar as entranhas de vossa piedade? Se não tiverdes compaixão de nós, vós, que sois a Mãe de Misericórdia, que será de nós quando vosso Filho nos vier julgar? Socorrei-nos, pois, ó piedosíssima Senhora, sem atender à multidão de nossos pecados. Pensai bem e meditai que nosso Criador tomou carne humana em vosso seio, não para condenar os pecadores, mas para salvá-los. Se não tivésseis sido feita Mãe de Deus senão para proveito vosso, poderíamos dizer que pouco vos importava que fôssemos condenados ou salvos; mas Deus revestiu-se de vossa carne pela nossa salvação e pela de todos os homens. De que nos serviria vosso poder e vossa glória, se não nos fizésseis participar de vossa felicidade? Ajudai-nos e protegei-nos, bem sabeis como precisamos de vossa assistência. Nós nos encomendamos a vós; fazei que não nos percamos, mas que sirvamos e amemos eternamente a vosso Filho Jesus Cristo.

ORAÇÃO DE NICOLAU, MONGE

Santíssima Virgem, Mãe de Deus, socorrei os que imploram vossa assistência; olhai para nós. Po-

deríeis esquecer os homens, agora que estais tão unida a Deus? Ah! Certamente não. Bem sabeis em que perigos nos deixastes, e qual o estado miserável de vossos servos; não é bem que uma misericórdia tão grande como a vossa se esqueça de uma miséria tão grande como a nossa. Valei-nos com vosso poder, já que Aquele que tudo pode vos deu a onipotência no céu e na terra. Nada vos é impossível, pois até conseguis despertar a esperança da salvação. Quanto mais poderosa sois, tanto mais misericordiosa deveis ser. Valei-nos também por amor. Sei, Senhora minha, que sois muito benigna e nos amais com um amor que nenhum amor pode exceder. Quantas vezes aplacais a ira do nosso Juiz no momento em que ele nos vai castigar! Em vossas mãos estão todos os tesouros da misericórdia de Deus. Ah! Não suceda jamais que nos deixeis de cumular de benefícios! Só buscais ocasião de salvar a todos os miseráveis e de derramar sobre eles vossa misericórdia, porque vossa glória aumenta quando por vossa intercessão os penitentes são perdoados, e desse modo alcançam o paraíso. Valei-nos, pois, para que consigamos gozar de vossa vista no céu. Pois a maior glória que possamos ter, depois de ver a Deus, é ver-vos, amar-vos e viver sob vosso patrocínio. Ah! Ouvi nossas súplicas, já que vosso Filho quer honrar-vos, nada vos negando do que lhe pedis.

ORAÇÃO DE GUILHERME BISPO DE PARIS

Ó Mãe de Deus, a vós recorro, pedindo-vos que não me repilais, já que toda a Igreja dos fiéis vos chama e publica Mãe de misericórdia. Sois tão querida por Deus que ele nada vos nega e sempre vos atende. Vossa piedade nunca faltou a ninguém; vossa benigníssima afabilidade nunca desprezou pecador algum, por abjeto que fosse, que a vós se tenha recomendado. Falsamente ou em vão vos chamaria a Igreja sua advogada e refúgio dos miseráveis? Não suceda jamais que minhas culpas vos possam impedir de exercerdes o vosso grande ofício de piedade, que vos constitui advogada e medianeira de paz, única esperança e refúgio seguríssimo dos miseráveis! Não suceda jamais que a Mãe de Deus, que deu ao mundo para salvação do gênero humano a fonte da misericórdia, negue sua piedade a um infeliz que a invoca. Vosso ofício é ser medianeira de paz entre Deus e os homens: conceda-me, pois, o vosso auxílio, vossa imensa piedade, que é incomparavelmente maior que todos os meus pecados.

Se você leu essas orações com a sua inteligência, agora faça de novo com a sua alma. Você vai colher muito bons frutos. E isso tudo é fruto das Glórias que Maria recebeu ao dizer sim para nascer a salvação.

A ESCOLA DE MARIA: OS SANTOS E O CÉU

A Santíssima Virgem Maria é chamada de FORMA DEI, ou a Fôrma de Deus. Entendemos como católicos que ela é a escolha de Deus para gerar seu Filho Jesus. Ela é chamada assim porque, na verdade, é o exemplo perfeito de pureza, beleza, obediência e, principalmente, humildade. Quando Deus a escolheu para ser a mãe de Jesus, Ele também estava dizendo a nós que ela era o modelo perfeito para seguirmos. Grandes santos da Igreja passaram pela escola de Maria. São João Paulo II, que é considerado o Papa da juventude, era muito mariano. Madre Teresa de Calcutá era extremamente mariana. E isso quer dizer que eles viveram uma vida santa olhando para Maria. Para seu comportamento, silêncio, oração e proximidade de Deus.

Nossa Senhora é um lugar santo, o Santo dos Santos, onde os santos são formados e moldados à imagem e semelhança de Deus. Foi Santo Agostinho quem chamou a Santíssima Virgem de "Fôrma de Deus". Todos os que são lançados nessa Fôrma Divina depressa são moldados em Jesus Cristo e Jesus Cristo neles. Facilmente e em pouco tempo será transformado em Deus, divinizado, pois é lançado no próprio molde que formou um Deus. São Paulo diz: "Não sou que vivo, mas Cristo que vivo em mim".

São Luís Maria Grignon de Montfort nos ajuda a compreender a doutrina de Santo Agostinho, ensinando-nos como os santos são moldados em Maria, a partir das duas formas que um escultor faz uma imagem:

Deus é o senhor de todas as ferramentas possíveis para construir qualquer coisa. Então ele se usa de sua força, de sua ciência e dos instrumentos adequados para fazer essa figura de uma matéria dura e informe; pode lançá-lo numa fôrma. A primeira é demorada e difícil, e sujeita a muitos acidentes: muitas vezes basta um golpe de cinzel ou de martelo mal dado para estragar toda a obra.

A segunda é rápida, fácil e suave, quase sem trabalho e sem esforço, contanto que o molde seja perfeito e reproduza o original, e que a matéria de que se serve, fácil de se manipular, não resista de maneira alguma a sua mão".

Maria é esse molde perfeito, que produz os santos, imagens perfeitas de Jesus Cristo. Porém, só se deixa moldar aquele que é flexível e maleável. Quando o material para a forja é muito duro, é preciso fogo mais alto. O molde é mais bem definido quando a matéria-prima é bem derretida. Devemos destruir e fundir em nós o velho Adão, para que em Maria nos transforme no novo Adão, que é Jesus Cristo.

Nossa Senhora formou Jesus Cristo, e ela também deve formar seus seguidores. Ela é mãe de todos os cristãos, e forma todos eles. Uma mãe não forma a cabeça sem os membros, nem os membros sem a cabeça, portanto ela é quem molda toda a Igreja, corpo místico de Cristo. Se queremos ser membros de Jesus Cristo, cheios de graça e da verdade, precisamos ser formados por Maria, por meio da graça que nela habita em toda a plenitude.

Santo Agostinho ainda diz: "foi nela somente que Deus feito homem foi formado ao natural, sem que lhe falte nenhum traço da Divindade; e é também somente nela que o homem pode ser formado em Deus ao natural, tanto quanto a natureza humana é disso capaz, pela graça de Jesus Cristo".

São Luís de Montfort compara os diretores espirituais e as pessoas devotas que querem formar Jesus Cristo em si ou nos outros por meio de práticas diferentes da devoção que ensina a escultores que, confiando em suas habilidades e arte, dão vários golpes de martelo e cinzel numa pedra dura ou num pedaço de madeira mal polida, para fazer uma imagem de Jesus Cristo. Estes, "às vezes não conseguem representar Jesus Cristo ao vivo, quer por falta de conhecimento e experiência da pessoa de Jesus, quer por causa de um golpe mal dado, que estragou a obra". Quando eu me deixo moldar pelo exemplo de Maria, passamos pelo processo de sermos "fundidos e moldados na fôrma tão bela de Maria, na qual Jesus Cristo foi natural e divinamente formado. Não confiando na sua própria habilidade, mas unicamente na excelência da fôrma, lançam-se e perdem-se em Maria, para se tornarem o retrato vivo de Jesus Cristo".

Assim, conclui São Luís: "Ó bela e verdadeira comparação! Mas quem a compreenderá? Desejo que sejas tu, meu querido irmão. Mas lembra-te que só se lança na fôrma o que está fundido e líquido. Isto quer dizer que deves destruir e fundir em ti o velho Adão, para que em Maria te transformes no novo". A Santíssima Virgem "Maria é o grande molde de Deus, feito pelo Espírito Santo, para formar ao natural um Homem-Deus pela união hipostática, e para formar um homem Deus pela graça. Não falta a este molde nenhum traço da divindade; quem quer que nele se deixe manejar, nele recebe todos os traços de Jesus Cristo, verdadeiro Deus, duma maneira suave, proporcionada à fraqueza humana, sem muito trabalho e agonia; duma maneira segura, sem temor de ilusão, pois o demônio nunca teve e jamais terá acesso até Maria, santa e imaculada, sem sombra da menor mancha de pecado". Feliz da alma "bem manejável, bem desligada, bem fundida, e a qual, sem nenhum apoio em si mesma, se lança em Maria, e aí se deixa manejar pela operação do Espírito Santo!" Como é pura, divina e semelhante a Jesus Cristo a alma moldada na Fôrma de Deus!

Deus ajuntou todas as águas e deu nome de mar, e ajuntou todas as graças e deu nome de Maria.

São Luís Maria Grignon de Montfort

A CASA DE MARIA

Uma das coisas que mexem muito no meu coração é imaginar como viviam Jesus, Maria e José. Fico pensando na educação do menino Jesus, desde a sua primeira infância até chegar a ressurreição. Pela experiência que tive com minha mãe, eu imagino como seria com Jesus. Minha mãe era uma professora. Uma mestra. Uma mulher cheia de virtudes, mas a melhor delas foi a fidelidade e a vontade de mudar o mundo. Ela não se cansava de me dizer que, se eu quisesse, eu poderia transformar o mundo e me dizia que a educação e o aprendizado eram as melhores armas para mudar a sociedade. E eu acreditei.

A casa de Maria é uma escola. Eu acredito piamente que, para fazermos algo grandioso pela Igreja e pelo mundo, precisamos olhar para a Virgem Maria de perto. E não se conhece alguém, sem conhecer a casa desse alguém.

Eu me tornei protestante com 12 anos de idade, após fazer minha Primeira Comunhão. Eu cresci em uma família na qual convivíamos entre católicos e protestantes. Quando completei meu curso para a minha Primeira Eucaristia, passei dois meses sentindo um vazio existencial muito grande. Era como se eu tivesse perdido Deus. Então decidi procurá-lo. Essa sensação de ter perdido alguma coisa que eu não sabia o que era me levou a uma busca frenética por Deus. Fui procurar minha fé dentro de religiões e crenças diversas. Passei pelo Candomblé, Umbanda, Seicho-no-iê, Testemunhas de Jeová, Igreja de Jesus Cristo dos Últimos Dias, Batista, Assembleia de Deus, Maranata, Videira, dentre algumas outras igrejas protestantes. Não consegui me encontrar em nenhuma delas. A que eu mais me identifiquei foi a Batista. Permaneci nela dos treze aos dezenove anos. Foi uma linda história de conhecimento das coisas de Jesus.

Com a formação que eu ganhei por lá, eu posso dizer mesmo que cresci muito em Graça. Li a Bíblia toda 7 vezes, aprendi a pregar, a cantar, a tocar. Não era um bom cristão por conta da vida de pecado que levava, mas aprendi muito sobre o Mestre. Quando fiz 18 anos, me vi de novo com sede e fome de Jesus. As coisas que vivia não me saciavam mais e eu comecei a questionar minha fé novamente. Minha mãe sempre me convidava para participar da Santa Missa na paróquia perto de onde morávamos. Era a missa dos jovens. Nessa época, eu participava na igreja Batista às quartas, no culto jovem e na Santa Missa, com a minha mãe, nos domingos, às 6 da manhã, que era a missa do apostolado da oração. Em um sábado de sol, minha mãe me convidou para ir no domingo à noite. A equipe que cuidava da liturgia era parte do curso de Crisma.

Quando eu cheguei, fiquei assustado. Eu pensava que na Igreja Católica só havia pessoas idosas, pois não via jovens nas missas de que eu participava com a minha mãe. Então, começou a Santa Missa com muita alegria, 3 músicas de canto de entrada, os jovens espalhados pela igreja, uma equipe de acolhida muito boa e as músicas eram diferentes. Nessa época, estávamos no auge do Ministério do Padre Marcelo Rossi, e a maioria das músicas era parte do CD dele. No momento do "abraço da paz", eles começaram a cantar "Quero te dar a paz do meu Senhor, com muito amor..." ali, fui impactado. Era aquilo que eu procurava, PAZ. Eu era inquieto... Estava inquieto. Eu desejava aquela paz que eles estavam espalhando naqueles abraços e sorrisos pela igreja. Então, senti minha mãe colocar as mãos nas minhas costas e dizer:

"Tá tudo bem... Estamos na Igreja, meu filho.." Ali, tive meu primeiro encontro com Deus, de verdade. Me decidi viver para Ele e com Ele.

O que aconteceu depois desse episódio foi algo que eu não esperava. Senti uma vontade profunda de entender mais a Igreja Católica e seus dogmas, princípios e condutas. Então ganhei dois livros que mudaram minha vida: *Glórias de Maria*, já citado aqui, e o *Tratado da verdadeira devoção à Santíssima Virgem*. Quando eu li esses dois livros, descobri que não sabia nada sobre Jesus, que o que eu havia aprendido era só uma parte da história. Fiz uma escolha em minha vida. Eu precisava agora alimentar essa escolha. Estudei muito sobre a Igreja Católica e sobre a Virgem Maria. Foi um tempo de partilha com amigos e padres e também de muito estudo.

Eu havia escolhido passar pela casa de Maria. Então, fui, como Pedro, Tiago e João, atrás de Jesus na casa de Maria. Lá eu fui muito bem tratado por ela. Quando escolhi ser moldado conforme o que ela era, passei por uma escola linda de poda, aprendizado, renúncias e escolhas. Quem escolhe ir à Casa de Maria, precisa estar preparado para ser podado e cuidado. Mas quem vai, nunca mais quer sair. Deixe-se ser moldado pela maior mestra de todos os tempos.

Acaso não Sabeis que
eu sou da Imaculada?

São Maximiliano Maria Kolbe

PRECISAMOS SER MAIS MARIANOS

Vou te dar motivos para ser mais mariano. O primeiro é que todos os grandes homens e mulheres da Igreja Católica, que foram santos, foram marianos 100%. Um deles é João Paulo II. Outros santos que eu admiro muito e que foram muito marianos: São Francisco de Assis, São Padre Pio, Santa Teresinha, Santa Faustina, Santa Teresa de Ávila, Santa Teresa de Calcutá, São Maximiliano Maria Kolbe, Santo Afonso Maria de Ligório. Então, se você quer chegar ao estágio de Santidade Plena, precisa ser mariano. Lembro aqui que a ascese nos leva à prática de exercícios espirituais para o crescimento em Espírito e em Verdade. Para chegar ao nível de Santidade, de acordo com o livro *O castelo interior*, de Santa Teresa de Ávila, você precisa chegar à quinta morada pelo menos. As 4 primeiras moradas são de livramento de pecados e transformação interior.

O segundo motivo são as Graças Extraordinárias alcançadas com a amizade com as Virgem Maria. Uma coisa que aprendi com a vida é que, quando temos amigos íntimos, acabamos absorvendo as qualidades e os defeitos deles. Com Maria é assim também, porém com a diferença de que ela não tem defeitos. Ela foi criada sem manchas e não tinha pecado. Então, quanto mais amigo dela, mais virtudes dela você vai adquirir. Escrevo isso para você agora e meu coração começou a arder, pensando na possibilidade de crescimento em Graça. Imagina uma coisa comigo: se você chega para alguém muito importante e se apresenta dizendo "oi fulano, eu sou o ciclano...". Ele poderia dizer: "Ah... Tudo bem...". Mas se você chega para ele e diz: "Oi, fulano, sou o ciclano, amigo da sua mãe. Ela me pediu que viesse até você para conversarmos um pouco. E ela também queria que fôssemos amigos". A reação seria bem diferente, não é mesmo? Eu sei que Deus não faz distinção de pessoas. Ele ama a todos. Mas se formos amigos íntimos de sua mãe, com certeza chegaremos mais rápido até Ele. Ela já sabe o caminho. Ela completou esse caminho. Então, é muito mais fácil andar por um caminho onde já temos um mapa para chegar do que tentar achar o caminho sozinho.

A palavra "rosário" vem do latim e significa "grinalda de rosas". A rosa é a flor que exala o perfume da santidade. Vários relatos de pessoas que experimentaram fortemente a presença da Virgem Maria, como os pastorinhos de Fátima e o índio de Guadalupe, indicam que, quando ela chega, exala no ar um perfume de rosas. Na história da Assunção de Nossa Senhora, a Igreja conta que, quando levaram o corpo dela vivo para o céu, ficou naquele lugar um cheiro de rosas impregnado. Se você perguntar qual é o sinal ou objeto que mais define um católico, certamente as pessoas responderão que é o Santo Rosário.

Nos últimos anos, a prática do terço voltou. E eu sei que a Colo de Deus tem parte nisso, fortemente. Os jovens estão entendendo a importância de se rezar o Rosário. Mas eu vejo ainda que precisamos ensinar a rezá-lo em família. Como eu já disse neste livro, o terço é uma oração-homenagem à Nossa Senhora, composto por um número determinado de orações específicas.

Existem promessas para aqueles que rezam com o Santo Rosário

1. Aqueles que rezarem com enorme fé o Rosário receberão graças especiais.
2. Prometo minha proteção e as maiores graças aos que rezarem o Rosário.
3. O Rosário é uma arma poderosa para não ir ao inferno: destrói os vícios, diminui os pecados e nos defende das heresias.
4. Receberá a virtude e as boas obras abundarão, receberá a piedade de Deus para as almas, resgatará os corações das pessoas de seu amor terreno e vaidades, e os elevará em seu desejo pelas coisas eternas. As almas se santificarão por meio do Rosário.

5. A alma que se encomendar a mim no Rosário não perecerá.
6. Quem rezar o Rosário devotamente, e tiver os mistérios como testemunho de vida, não conhecerá a desgraça. Deus não o castigará em sua justiça, não terá uma morte violenta, e, se for justo, permanecerá na graça de Deus e terá a recompensa da vida eterna.
7. Aquele que for verdadeiro devoto do Rosário não perecerá sem os Sagrados Sacramentos.
8. Aqueles que rezarem com muita fé o Santo Rosário, em vida e na hora de sua morte, encontrarão a luz de Deus e a plenitude de Sua Graça; na hora da morte participarão do paraíso pelos méritos dos santos.
9. Livrarei do purgatório aqueles que rezarem o Rosário devotamente.
10. As crianças devotas ao Rosário merecerão um alto grau de Glória no céu.
11. Obterão tudo o que me pedirem mediante o Rosário.
12. Aqueles que propagarem meu Rosário serão assistidos por mim em suas necessidades.
13. Meu filho concedeu-me que todo aquele

que se encomendar a mim ao rezar o Rosário terá como intercessores toda a corte celestial em vida e na hora da morte.

14. São meus filhinhos aqueles que recitam o Rosário, e irmãos e irmãs de meu único filho, Jesus Cristo.
15. A devoção a meu Rosário é um grande sinal de profecia.

As bênçãos que o Santo Rosário nos proporciona:

1. Os pecadores obtêm o perdão.
2. As almas sedentas se saciam.
3. Os que estão presos se verão livres.
4. Os que choram encontram alegria.
5. Os que são tentados encontram tranquilidade.
6. Os pobres são socorridos.
7. Os religiosos são reformados.
8. Os ignorantes são instruídos.
9. Os vivos triunfam sobre a vaidade.
10. Os mortos alcançam a misericórdia por via dos sufrágios.

VANTAGENS DE SE REZAR O TERÇO

1. Eleva-nos ao conhecimento perfeito de Jesus Cristo.
2. Purifica a alma do pecado.
3. Faz-nos vitoriosos contra todos os nossos inimigos.
4. Torna-nos fácil a prática das virtudes.
5. Abrasa-nos no amor de Jesus Cristo.
6. Enriquece-nos de graças e de méritos.
7. Fornece-nos com o que pagar todas as nossas dívidas com Deus e com os homens.
8. Por fim, faz-nos obter de Deus toda espécie de graças.

ESPOSA DO ESPÍRITO: ELA VEIO PARA UNIR

A maior missão do Espírito Santo é causar unidade na Igreja, esposa mística de Jesus Cristo. E como isso é difícil. Somos separados para dentro e para fora. O diabo conseguiu trazer divisão para os cristãos e, em alguns casos, justamente por conta do amor que temos por Maria

Santíssima. Ela se tornou causa de divisão, em vez de unidade. Mas isso não é por causa dela. Foi por causa da ignorância e do egoísmo dos homens. Mas cremos que um tempo novo está chegando. Cremos fortemente que existe um poderoso avivamento chegando. Ele será maior que os outros que aconteceram e trará a unidade visível da Igreja de Cristo de volta. Será um grande mover que acontecerá de forma espantosa e pelas mãos da Virgem Maria. Nós cremos que somos parte desse mover e ele já está acontecendo.

O Espírito Santo veio no dia de Pentecostes sobre os apóstolos e os capacitaram para irem ao mundo e pregar o Evangelho com intrepidez e autoridade. Aquele sopro original permanece vivo até hoje, nos inúmeros lugares e épocas no mundo todo, por meio dos que creem e também com sinais extraordinários. Maria é a esposa do Espírito. Como já disse anteriormente, a palavra mãe no original em hebraico quer dizer "água forte". Ela sempre fez o papel de unir. Ela sempre se preocupou com a missão do Seu filho muito amado. E em todas as aparições dela na história, seu pedido é unânime: Orem, orem sem cessar. Convertam-se, pois o Grande Dia está chegando.

Quando eu aprendi sobre conversão, aprendi que quando isso acontece existe dentro de nós um grande movimento que nos empurra na direção do próximo. Um convertido de verdade quer fazer com os outros o que fizeram por ele. Então, gera dentro do convertido um movimento de unidade. Os que estavam separados, se unem.

Os que eram cegos voltam a enxergar. Grandes sinais e prodígios são vistos, mas o maior deles sempre será a conversão de um coração. Ver um perdido se voltar para o Senhor e mudar completamente sua vida é o maior sinal de avivamento genuíno que poderemos ver. Então, quando eu percebo que muitos ainda se dividem e se agridem entre si por causa de doutrinas estranhas ou ainda porque não aceitam a verdade do Evangelho, que está depositado na mão da Igreja como um todo, vejo que o Espírito não está de acordo. O sinal que alguém é movido pelo Espírito de Deus é quando ele dá frutos de unidade na Igreja. Então, os filhos de Deus são aqueles que trazem a mensagem do Espírito que é a unidade do corpo.

Maria é mãe. Ela assume o papel de unir os apóstolos e discípulos em volta de Cristo. Ela gera o Salvador e quer que seus filhos estejam unidos. Que mãe não quer isso? Qual a mãe que sente prazer em ver sua casa dividida? Se uma mãe carnal é assim, imagina Maria, que é mãe do Filho de Deus! Ela nos quer unidos.

Existe uma coisa naqueles que são afastados da fé dos apóstolos que se chama ignorância invencível. É quando uma pessoa é criada dentro de uma cultura ou crença que, ao chegar a um determinado grau de conhecimento ou idade, fica difícil mudar isso dentro da sua razão. A salvação daqueles que não conhecem a verdade de Cristo é sempre estudada por parte de muitas pessoas na Igreja e fora dela, afinal, por exemplo, como podemos dizer que um índio vai para o inferno porque não conhece Jesus ou ainda porque não o aceita devido a sua cultura local vivida há anos por ele e sua família? Será que um hindu ou até mesmo um muçulmano se salvará?

Existem na Igreja 2 princípios fundamentais para falar disso. O primeiro é que Deus quer que todos os homens se salvem e que cheguem ao conhecimento da verdade, como diz Paulo na segunda carta a Timóteo. Conhecer é aderir ao cristianismo de forma racional e integral. Com todo o conhecimento, inteligência e vontade.

O segundo: é fato histórico que o Evangelho não chegou a conquistar todos os corações, seja porque não chegou materialmente a todos os lugares da Terra, seja porque, ainda que chegue, nem todos o acolhem. A adesão ao cristianismo precisa ser livre. Uma decisão racional e espiritual.

Segundo a teóloga Ilaria Morali, especializada no tema que fala da Graça de Deus, professora de teologia na Faculdade de Teologia da Universidade Pontifícia Gregoriana de Roma: "A doutrina cristã da salvação é muito clara".

Eu gostaria muito que você entendesse essa frase com o coração mais leve. Digo isso, pois tenho visto muitos ditos "cristãos" fomentarem uma briga teológica por conta da doutrina da salvação, querendo provar algo que não é a Igreja que diz, mas seus próprios corações acusadores. Vou te apresentar 2 textos do Magistério da Igreja Católica. O primeiro é um discurso de Pio IX em um encontro solene que se chama consistório, que aconteceu em 8 de dezembro de 1854, por causa da solene proclamação do dogma da Imaculada Conceição. O Papa disse que os que ignoram a verdadeira religião, quando sua ignorância é invencível, não são culpados deste fato ante os olhos de Deus.

Alguns anos depois ele retomou essa declaração falando sobre o sentido da ignorância invencível na carta *Quanto conficiamur moerore*, de 1863: "É sabido que os que observam com zelo a lei natural e seus preceitos esculpidos por Deus no coração de todo homem podem alcançar a vida eterna se estão dispostos a obedecer a Deus e se conduzem uma vida reta".

O Papa Pio IX voltou a fazer a proposta de que há homens e mulheres que, por várias razões, seja por causa da cultura ou, ainda, por uma experiência ou um contato negativo com a fé cristã, não chegam ao consentimento da fé.

Ainda que pareça existir aqui uma rejeição de Cristo de forma consciente, não podemos julgar os pensamentos e as atitudes dessa rejeição. Não temos esse direito.

A ignorância invencível mostra de forma precisa uma condição de falta de conhecimento de Jesus, da Igreja, da fé. Essa falta de conhecimento não pode ser superada com um ato de vontade, simplesmente. Aquele irmão está bloqueado. Ele se encontra impossibilitado para chegar ao "sim" da fé. Por causa da sociedade em que vivemos e também muitas vezes por falta de testemunho de bons cristãos, as razões pelas quais muitas pessoas dizem não a Cristo são muitas. Pode ser uma desilusão, uma traição, uma má catequese, um condicionamento cultural e social.

O Papa Pio IX admitiu a dificuldade de demarcar os

casos de ignorância invencível, perguntando: "Quem terá o poder de determinar os limites dessa ignorância segundo a índole e a variedade dos povos, das regiões, dos espíritos e de tantos outros elementos?". Ele ainda no ensina a ter e demonstrar um grande cuidado e respeito por quem não tem o dom da fé em Cristo.

Para nós, cristãos batizados, é bom lembrar que o nosso batismo não é uma garantia automática de salvação. Se fosse assim, não precisaríamos fazer esforço nenhum por conduzir uma vida cristã. Isso seria inútil. Cada um de nós precisa se esforçar em viver para essa salvação com uma vida de fidelidade a Deus, de caridade para com os irmãos, de boas obras. Mas veja que ninguém pode estar seguro da própria salvação, porque só Deus tem o poder de concedê-la.

Precisamos lembrar, ainda, que a possibilidade de salvação para aqueles que vivem em ignorância invencível não dispensa a Igreja da missão de anunciar o Evangelho na sua integralidade, como nos ensina o Concílio Vaticano II (cf. *Lumen Gentium* 16), atendendo ao chamado de Jesus: "Ide por todo o mundo e pregai o Evangelho a toda criatura!" (Mc 16,15). E quando o Evangelho é testemunhado de maneira adequada, o fruto é a conversão de bons e de maus: os maus mudam de vida, e os bons se tornam melhores.

Então, entendemos por que muitas vezes os irmãos protestantes não conseguem entender o culto à Nossa Senhora, os dogmas da Igreja, etc. Assim, se compreendermos isso, conseguiremos chegar perto o suficiente para mostrar para eles, com a nossa vida, que nossa fé é verdadeira, cristocêntrica e devota a Deus. Eu acredito que, quando isso acontecer, seremos de verdade um só rebanho. E aí virá sobre nós um avivamento tão grande que tomará nossas casas e famílias, e chegarão aos confins da Terra.

Assim como Cristo habitou o mundo pelo ventre de Maria, o Espírito Santo em Pentecostes veio e ela estava lá, eu creio que essa grande onda de avivamento vem por aí, por meio da compreensão da pessoa de Maria e da sua importância para a história da salvação. Tudo passa por ela.

MODÉSTIA E COSTUMES

O que sai de mim é o resultado do que eu tenho dentro de mim. Eu descobri essa verdade olhando para mim mesmo e para os meus comportamentos. Uma das coisas que me marcam é que quanto mais espiritual eu me torno, menos as coisas do mundo eu quero. Muitas pessoas me perguntam sobre tatuagem, piercings, etc. Me perguntam ainda sobre mulher usar saia ou calça, ou sobre as roupas que devemos vestir na praia ou na cidade. Faço aqui uma boa reflexão para que você entenda o que na verdade está em jogo nisso tudo.

Nós, cristãos, somos influenciadores do mundo em que vivemos, e precisamos fazer isso em todas as áreas que pudermos, desde a política, passando pelos esportes, até no ramo empresarial. Implantar uma cultura de pentecostes em todos os lugares. Daí veio a inspiração de cuidar daquilo que vestimos. Acredito mesmo que quando nós transmitimos nossa fé por meio de um testemunho consistente, a evangelização acontece mais rápido.

O comportamento modesto acontece em 3 níveis: no testemunho dos pensamentos, no vestir e agir e naquilo que falo. Veja que começa sempre na cabeça, no intelecto. Se eu entendi o Evangelho, quero cada vez mais o querer de Deus. Meu comportamento muda quando encontro Jesus. Me perguntam muito sobre fazer ou não tatuagem e eu conto sempre a seguinte história: Um homem tinha um Fusca 1917, todo original, pintado de forma impecável, todas as rodas e acessórios originais de fábrica e motor funcionando como se fosse novo. Ele era um colecionador e tinha outro Fusca 1917, mas todo alterado, arranhado, sujo, sem algumas peças e alguns defeitos por conta das alterações que foram feitas durante anos. Então, um grande amigo dele deu um adesivo grande para ele de presente, daqueles dourados com escritas. O amigo disse: "Te dei para colar no seu carro. Acho que isso vai deixá-lo mais bonito e atraente e ainda valorizá-lo". Então, aquele homem olhou para o adesivo, para os dois fuscas, o original e o alterado. Em qual fusca você acha que ele colou o adesivo? No original de fábrica ou no todo alterado? Moral da história: aquilo que ainda está dentro do projeto original tem muito mais brilho para o mundo, muito mais valor, do que o que foi alterado por causa da interferência causada. Daí você consegue tirar suas próprias conclusões em fazer ou não uma tatuagem.

Eu não quero dizer em hipótese alguma que quem tem tatuagem não vale nada, ou ainda que vai para o inferno. Mas quero dizer que quando você tem consciência de quem você é para Deus, acaba por escolher sempre o projeto original. A Bíblia nos diz: "De Glória em Glória... Cada vez mais moldados ao caráter de cristo". Talvez você esteja lendo estas linhas e tenha tatuagem, tá tudo bem! Talvez, na época em que você a fez, não tivesse consciência de quem você é e do que tem para oferecer a Deus. Ou talvez você realmente acha que fazer uma tatuagem não vai alterar nada na sua vida. Tá tudo bem também. O que quero dizer a você é que, no final, não será a tatuagem que vai definir se você vai para o céu ou não. Deus vê o coração. Mas, se me perguntar o que eu acho, eu digo: "Não faça".

Comecei a falar de tatuagem para dizer a você que aquilo que você veste tem a ver com o que você quer dizer ao mundo. Vestimenta é comunicação. Comunicar-se bem é uma ferramente para a evangelização e para o desenvolvimento familiar, social. A comunicação tem 3 fatores: comunicador, receptor e mensagem. A comunicação passa por vários meios. Podemos comunicar algo até com nosso cheiro. A comunicação passa pelos sentidos humanos. Vestir-se bem faz parte de uma boa comunicação. Eu trabalho com moda desde os 17 anos. Trabalho produzindo camisetas e acessórios para vestuário. Desde lá, eu sempre entendi que, se quero comunicar alguma coisa, preciso ser muito inteligente. Preciso que as pessoas entendam facilmente o que quero dizer. Quanto mais facilmente entender a mensagem, mais fácil acontece o diálogo. Hoje, a definição de homem e mulher está adulterada. Vivemos em uma sociedade que tenta, de todas as formas, destruir a imagem masculina e sensualizar a imagem feminina. Tudo como um esforço do diabo para destruir a imagem e semelhança de Deus. No fundo, é um grande esforço para debochar do Criador. Pensar que podemos falar pela nossa roupa, comunicar algo por meio do que vestimos, sempre foi um desafio para mim. Entendi que atitude mesmo é vestir o que você pensa. Eu vivo para a evangelização há vinte anos. E desde essa época me preocupo com o que visto, pois quero que olhem para mim e consigam identificar meu Jesus dentro de mim. Então, como não tinha opção, decidi criar uma marca de roupas para melhorar o que nós, cristãos, vestimos. Assim nasceu a Céu Camiseteria. Hoje, estamos trabalhando em uma segunda marca, chamada Esto, que será voltada para homens se vestirem de forma clássica, esporte fino.

Temos também a Moda Ora, que é uma grife de roupas minimalistas para mulheres cristãs. A modéstia no vestir cuida em proteger a dignidade da mulher e do homem. Isso não quer dizer que você agora precisa se vestir como o povo em 1910, com longas saias e cobrindo o corpo inteiro. Ou, ainda, os homens só andarem de terno gravata ou com roupa social. Você pode se cuidar sem deixar de ser jovem.

Mulher pode usar calça ou não? Pode! Mas também deve se cuidar com a escolha de calça e do que ela representa. Uso o exemplo da calça na mulher, mas vale para qualquer peça. No final, nunca é uma discussão sobre o que vestir ou não, mas o que você quer dizer vestindo isso ou aquilo. Lembre-se sempre de que o vestir é comunicação do que está do lado de dentro. Se estou no Espírito, cada vez mais vou me preocupar em não mostrar o que pode levar meu irmão ou irmã ao pecado. Então, a busca em viver modestamente precisa passar pela observação interior de si mesmo, onde eu procuro em mim, meus objetivos, o que quero conquistar com o que falo, penso ou visto.

Trabalhamos atendendo muitas pessoas com orações e preces por cura e libertação. Quando vemos uma pessoa em depressão, é nítido quando ela está no último estágio. A pessoa que sofre disso de forma violenta não se cuida mais. Não toma banho, não se limpa direito, veste roupas sujas ou velhas, mulheres não se maquiam, nem se preparam para receber as pessoas, o próprio namorado ou esposo. Tem casos de depressão profunda que a pessoa acaba juntando lixo dentro de casa, não se importando em viver no meio da sujeira. É claro que, quando uma pessoa está em paz de espírito, ou não, a sua aparência muda. Assim, quando cuidamos do que vestimos, é sinal de que estamos ligados com o que o Espírito Santo está nos dizendo.

Por fim, quero completar que a modéstia no vestir é um dom de Deus para a juventude no mundo de hoje.

Se realmente nos preocupássemos com o que estamos fazendo com nosso corpo por fora, nossa vida e sociedade estariam muito melhor.

O MÉTODO DA CONSAGRAÇÃO TOTAL

Existem muitas devoções voltadas à Virgem Maria, para que os cristãos passem pela casa de Maria e cresçam em estatura e Graça, cada vez mais se assemelhando a Jesus. A que eu escolhi para mim foi o método de consagração que João Paulo II adotou para a vida dele, que é o método de São Luís Maria Grignon de Montfort. O nome do livro onde esse método foi desenhado e orado se chama *Tratado da verdadeira devoção à Santíssima Virgem*. Nele, São Luís explica, com cuidado e amor, cada item da vida de Nossa Senhora que precisamos entender para sermos bons cristãos. O livro ficou escondido por muitos anos, e encontrado e republicado depois da morte de São Luís. Temos então um precioso tesouro para seguir os passos de Maria.

São Luís mostra, desde o início do livro, que a consagração proposta por ele, popularmente chamada de consagração total, no fundo é uma consagração a Jesus. Maria é a porta pela qual essa consagração acontece, e por isso dizemos que é uma consagração a Jesus por Maria, ou mesmo uma consagração a Maria, desde que entendamos que o objetivo dessa devoção é nos configurar ao Cristo.

É um caminho de santificação: não para aqueles que já são santos, para aqueles que decidiram, junto com a Mãe, buscar a santidade.

A consagração total pode ser vivida em qualquer vocação ou estado de vida: os que vivem o matrimônio, seguem o caminho da vida religiosa, do sacerdócio, os jovens, e assim por diante. Nessa devoção, nós consagramos tudo aquilo que somos e temos, inclusive os nossos maiores tesouros, que são o valor espiritual das nossas boas obras. Depositamos tudo isso nas mãos da Virgem Maria, para que ela multiplique, purifique e distribua livremente. O método não implica nenhum compromisso interior ou exterior além disso, nem mesmo impede de orarmos a Deus ou de pedirmos pelas nossas intenções. Mas confiamos tudo nas mãos de Maria, para que ela administre. E quando orarmos a Deus, sabemos que Maria ora conosco.

MEUS TRINTA DIAS PARA A CONSAGRAÇÃO

Quando eu quis mudar minha vida, descobri que poderia ser com a ajuda de perto de Nossa Senhora. Lendo o *Tratado*, vi que eu precisaria de trinta dias de muita oração e reflexões para me consagrar e começar minha caminhada. Antes dessa preparação é necessário ler o livro com cuidado para entender bem o que estamos fazendo. Nesse tempo, rezamos algumas orações indicadas por São Luís no *Tratado* (cf. TVD 227-230). Eu escolhi a data da Imaculada Conceição, 8 de dezembro, para me consagrar. No meu segundo ano, renovei minha consagração no dia 13 de maio, que é o dia da aparição de Nossa Senhora em Fátima, Portugal, minha devoção particular. Como são trinta dias para a consagração, se você também quiser fazer, precisa calcular certinho o tempo necessário para ler o *Tratado* e depois fazer o tempo de preparação. Muitos hoje querem se consagrar por esse método, e recebemos as perguntas de muitas pessoas pedindo ajuda e perguntando como fazer. É preciso, para seguir esse caminho, ler o *Tratado da verdadeira devoção à Santíssima Virgem* e preparar-se durante trinta dias. Alguns preferem fazer uma preparação de trinta e três dias, que é válida também, mas São Luís indica doze dias pedindo a Deus o desapego do espírito mundano, e depois três semanas de seis dias: na primeira semana, clamando a graça do autoconhecimento; na segunda, o conhecimento de Nossa Senhora; e na última, o conhecimento do seu filho Jesus, totalizando trinta dias de oração. As orações próprias para cada dia estão indicadas por São Luís no seu livro. Ele nos sugere que a data da consagração seja em uma festa mariana. Os dias de preparação começam trinta dias antes. Na data da consagração, nos recomenda que a pessoa que vai se consagrar faça uma penitência, se confesse (o que pode ser feito antes), comungue, assine um papel escrito a próprio punho com a sua consagração e, caso queira, carregue a partir dessa data um sinal da consagração, que pode ser uma cadeiazinha ou outro objeto que a pessoa escolher. O sinal não é obrigatório, mas serve para lembrar que ela é consagrada. Esses exercícios espirituais de trinta dias e a própria consagração podem ser renovados todos os anos.

COMO SÃO ESSES TRINTA DIAS

1. Nos doze dias preliminares, devemos rezar para pedir o desapego do espírito do mundo e somos convidados a meditar sobre "O começo da preparação para a consagração".
2. Na primeira semana, rezamos seis dias para pedir o conhecimento de nós mesmos e podemos meditar sobre "O autoconhecimento na consagração a Maria".
3. Na segunda, aplicaremos seis dias de oração para pedir o conhecimento de Nossa Senhora e nos perguntaremos: "Por que devemos conhecer a Virgem Maria?".
4. Na terceira, rezaremos os seis últimos dias da preparação para pedir o conhecimento de Jesus Cristo e meditaremos sobre "A dependência de Jesus Cristo a Virgem Maria".

Amar a Senhora
e rezar o Rosário,
porque o Rosário é a
arma contra os males
do mundo.

São Padre Pio

RECOMENDAÇÕES FINAIS PARA SEU NOVO TEMPO COM MARIA

Ao longo de mais de vinte anos de consagração e amor à Virgem Maria, mãe do meu Senhor, descobri algumas particularidades sobre uma vida consagrada que me sinto obrigado a compartilhar com você.

1. Quando você decide se consagrar a Deus para algum propósito, ou mesmo para entregar sua vida a Jesus, o diabo não fica feliz. Então, o inimigo de Deus fará de tudo para que você não chegue no final do processo. Desde preguiça de ler, até, talvez, doenças físicas ou problemas espirituais e materiais acontecerão durante sua caminhada de consagração para que você não chegue lá. Então, se prepare para uma batalha árdua.
2. Descobri que, mesmo consagrado, ainda não consegui me tornar tão puro quanto eu queria estar. Entendi que isso ainda vai levar um tempo. Preciso ter paciência com os meus processos. Mas principalmente com as minhas quedas e falhas. Depois que me consagrei, entrei em um ciclo de pensamentos no qual eu criava crises profundas quando eu pecava em pecado mortal. Tive muita dificuldade

em aceitar que ainda sou pecador e que, agora, percebo com maior facilidade as minhas máscaras de santidade. Uma das coisas mais fáceis de se pensar quando você toma uma decisão de se consagrar é achar que a partir de agora você se torna uma espécie de "Jesus 2". É muito perigoso cair na tentação de se achar melhor do que os outros, de começar a julgar as pessoas que não se consagraram, enfim... Tenha paciência com seus processos.

3. O Livro de Sabedoria diz: "Vaidade... Tudo é vaidade!". Tome cuidado com ela. Não julgue nem condene seus irmãos. Entenda o tempo de cada um também. E entenda que uma vez consagrado, Nossa Senhora te mostrará cada vez mais quem você é para que você mude. Mas ela vai mostrar que você é, e nunca o outro. É sempre sobre o seu caminho, e não sobre o caminho do outro. Então, viva a famosa frase: "Cuide da sua vida, que eu cuido da minha". Use isso sempre! Porque umas das maiores dificuldades dos "escravos" é olhar para a vida do outro e não para a própria.
4. A conversão é um processo contínuo e pessoal. Isso te custará muitas noites de choro porque agora descobriu quem você é. Então, entre nessa caminhada com fé e muita disposição para mudar. Sem vontade de mudar, você não chega à lugar nenhum.
5. Se agrupe. Uma caminhada é muito mais agradável quando vamos em comunidade, quando estamos

Acreditamos nos livros

Este livro foi composto em Adobe Garamond Pro, Helvetica Neue, Din, Soho e Trajan, e impresso pela Geográfica para a Editora Planeta do Brasil em janeiro de 2020 em família. Promova na sua casa grupos de partilha e reflexão sobre a vida de santidade e sobre Nossa Senhora. Quanto mais falarmos dela, mais falamos Dele. E quanto mais falarmos Dele, mais santa a sociedade se tornará.